KB238564

나는 왜 구글을 그만두고 라쿠텐으로 갔을까?

IT 비즈니스의 새로운 성공 원리

나는 왜 구글을 그만두고
라쿠텐으로 갔을까?
ⓒ오바라 가즈히로 2015

초판 1쇄 인쇄 | 2015년 4월 7일
초판 1쇄 발행 | 2015년 4월 14일

지은이. 오바라 가즈히로
옮긴이. 신해정

펴낸이, 편집인. 윤동희

편집. 김민채 박성경 황유정
기획위원. 홍성범
디자인. 이진아
종이. 울트라서틴 209g(표지)
　　　울트라서틴 128g(띠지)
　　　그린라이트 80g(본문)
마케팅. 방미연 최향모 유재경
홍보. 김희숙 김상만 한수진 이천희
제작. 강신은 김동욱 임현식
제작처. 영신사

펴낸곳. (주)북노마드
출판등록. 2011년 12월 28일 제406-2011-000152호

주소. 413-120 경기도 파주시 회동길 216
문의. 031.955.1935(마케팅)
　　　031.955.2646(편집)
　　　031.955.8855(팩스)
전자우편. booknomadbooks@gmail.com
트위터. @booknomadbooks
페이스북. www.facebook.com/booknomad

ISBN. 978-89-97835-97-3 13320

나는 왜 구글을 그만두고 라쿠텐으로 갔을까?

IT 비즈니스의 새로운 성공 원리

오바라 가즈히로 지음

신혜정 옮김

북노마드

구글에서 라쿠텐으로

아무래도 처음 만나는 사람에게는 내 경력이 상당히 흥미를 돋우는 모양이다. 맨 처음 취직한 회사는 맥킨지&컴퍼니(McKinsey&Company)인데 나는 그곳에서 컨설턴트 부문의 비즈니스 애널리스트로서 경영 컨설팅을 했다. 그 이후 NTT 도코모의 상근 컨설턴트로서 아이모드(i-mode) 서비스 개시에 관여하거나 리크루트로 가서 '리크루트 내비캐리어'를 시작하는 등 모두 열 번 전직을 거듭했다. 열 번 옮겼으니 이제 열한번째 일자리이지만 열한번째 회사는 아니다.

한 번 그만두었던 리크루트에 다시 취직했기 때문인데 이렇게 '그만둔 회사에 다시 들어갔다'는 것도 사람들이 재미있게 생각하는 이유 같다.

무엇보다 사람들의 흥미를 끄는 듯한 것은 가장 최근에 바꾼 직장이다. 구글(Google)에서 라쿠텐(楽天)으로 옮겼는데 '흥미를 끄는' 차원을 넘어서 신기하게 느끼는 듯하다. 구글이라면 현재 타의 추종을 허락하지 않는 IT(Information Technology, 정보통신 기술) 업계의 거인이고 학생들이 뽑는 인기 기업 서열에서도 수년간 연속으로 수위에 군림하는, 누구나 들어가고 싶어하는 회사이다. 그런 곳을 그만둔 것만으로도 '아깝고' '믿을 수 없는' 이야기인데 그런 구글을 그만두고 들어간 곳이 라쿠텐이라니 또한 의외라는 것 같다.

구글에서 라쿠텐으로 옮긴 데는 분명한 이유가 있다. 더 정확히 말하자면 '라쿠텐이라는 회사에서 일하고 싶다고 생각한 이유'라고 해야겠다. 내가 라쿠텐에서 하고 싶은 일, 라쿠텐에서라면 할 수 있는 일이 있었다.

아까워서는 아니지만 그 이유가 무엇인지는 조금 더 나

중까지 간직해두려 한다. 그것을 밝히려는 목적으로 쓰는 책은 아니기 때문이다. 그래도 아마 이 책을 읽어나가다보면 그 이유를 알 수 있으리라 생각한다.

우리는 '제2의 변곡점' 입구에 있다

나는 개인용 컴퓨터가 등장하고부터 30여 년간 일본과 세계의 컴퓨터 테크놀로지와 IT를 가까이에서 지켜보았다. 컴퓨터 테크놀로지와 IT의 여명기부터 현재까지 동시적으로 살아온 행운의 세대라고 생각한다. 그리고 그것을 줄곧 지켜본 인간이라면 해야만 하는 일이 있다고 느꼈다.

20년 전에 인터넷이 일반에 개방되었고 우리는 좋든 싫든 상관없이 네트(net) 사회라는 그때까지 경험해본 적이 없는 세계로 던져졌다. 전 세계 곳곳이 네트로 이어진다는 것이 과연 어떤지, 그 편리함도 위험성도 처음에는 잘 알지 못했다. 네트의 바다 어디에 무엇이 있는지, 조수의 흐름이 빨라 떠내려가기 쉬운 곳은 어디인지, 좌초 위험이 있는 암초는 어디에 숨어 있는지 모르는 채로 배를 저어나가는 듯했다.

달리 말하면 우리는 20년 전에 길모퉁이 하나를 돌았다. 변곡점(curve)을 돌면 앞에 무엇이 있는지 모르지만 그때까지와 다른 네트워크 사회라는 길을 선택했다. 이 20년간을 당사자 중 한 명으로서 보았을 때, 우리는 이 최초의 변곡점을 그럭저럭 잘 돌아갔다. 몇 가지 작은 실패가 끼어들기는 했지만 많은 성공을 손에 넣으며 네트 사회의 기본적인 틀을 만들 수 있었다. 그러면 현재 상태가 본래 바람직한 네트워크 사회의 모습인가 하면 반드시 그렇다고는 말할 수 없다.

나는 네트워크와 IT가 '자기실현을 가속하는 것'이며 '사람을 행복하게 하는 것'이라고 생각하지만 현재 IT 환경은 진화가 지나치게 빠른 까닭에 왜곡도 떠안게 되는 일종의 층계참에 접어들었다고 느낀다.

지금 우리는 '제2의 변곡점'을 돌아가야 한다. 네트워크가 본디 가진 힘을 올바로 사용하면 자기를 실현하고 사람이 행복해지는 사회를 만들 수 있다. 그러기 위해서는 여기에서 다시 한번 변곡점을 돌아갈 필요가 있으며 이제 겨우 그 환경이 갖추어졌다고 느낀다.

그 때문에 지난 20년간 우리가 무엇을 해왔는가를 한번 정리해야겠다고 생각했다. 거기에서 제2의 변곡점을 어떻게 돌아가면 좋은지, 그 앞에는 무엇이 있는지가 보일 것이 틀림없기 때문이다.

이것이 이 책을 집필한 동기이며 또한 줄곧 IT 세계를 지켜본 나의 역할일 것이다.

'플랫폼 전문가'가 본 IT 비즈니스의 모습

이 책을 집필하는 또하나의 동기는 나 자신이 보유한 재고를 조사하기 위해서이다. 나는 계속 IT 비즈니스 세계에서 '플랫폼(platform)' 만들기에 종사했다. 유저(user)가 직접 구매하는 콘텐츠가 아니라 그 콘텐츠를 싣기 위한 플랫폼이 나의 관심이었다. 그 형태는 때에 따라 아이모드이거나 전직 사이트이거나 전자 화폐이거나 여러 가지였지만 '플랫폼 만들기'는 내가 강하게 집착하는 일이었다.

내가 플랫폼의 중요성을 알게 된 때는 한신·아와지 대지진 발생 이후였다. 당시 교토 대학 대학원생이었던 나는 지진 재해 직후부터 피난소에서 일손을 거들었다. 피난소 안에 있을 때는 몰랐지만 가끔 집에 돌아가 텔레비전을 보면 사람도 물품도 부족해 곤란을 겪는 피난소가 있는 한편, 구호물자가 잔뜩 도착한 피난소도 있는 이상한 상황을 알아차릴 수 있었다. 어떻게 된 일인지, 자원봉사자들은 어떻게 되었는지 알아보려고 고베의 히가시나다 구청에 가보았다. 구청에서는 지진 재해가 일어난 처음의 혼란 상태가 계속되어 자원봉사자를 구하는 피난소 목록을 게시했을 뿐 인원 배정 등은 하지 않고 있었다. 따라서 어느 피난소에는 자원봉사자와 물자가 집중됐지만 다른 피난소에는 사람이 없는 일이 일어났다. 여전히 혼란스러운 상태가 계속되기에 나는 구청 분들과 마침 거기에 와 있던 고베 대학 학생과 이야기해 '히가시나다 구 정보 센터'라는 것을 만들었다. 자원봉사 희망자들에게 "당신은 이곳으로 가주세요" "당신은 이쪽으로요"라고 하는 일, 다시 말해 봉사자 수를 적절히 배분하는 일을 한 것이다. 자원봉사자가 봉사를 마치고 돌아갈 때에는 센터에 들러 한마디 남기고 가달라고 부탁했다. 그들이 무사한지 확인하기 위해서였다.

그런데 이것이 뜻하지 않은 효과를 낳았다. 자원봉사자들이 "이곳 피난소에는 이것이 부족하다" "저쪽에는 이것이 남아돈다"라는 정보를 가져다주었다. 그래서 이번에는 질문표를 만들어 자원봉사자들에게 써달라고 했는데 그러자 히가시나다 구 안에만 수십 곳에 흩어져 있는 피난소의 상황이 손에 잡힐 듯이 파악되어 무엇을 어디에 이동하면 좋을지 즉각 판단할 수 있었다. 히가시나다 구 정보 센터는 자원봉사자와 구호물자를 적정하게 배치하는 시스템을 움직이기 위한 플랫폼이었고 피해자와 그들을 지원하는 사람들을 연결하는 플랫폼이 되었다.

플랫폼을 만드는 것만으로 모두가 행복해질 수 있음을

그때 알았다. 게다가 매우 효율이 높고 편하다. 바람직한 일이기도 했다. 그래서 그때부터 나는 모두를 웃게 할 수 있는 플랫폼을 만드는 것을 꿈꾸게 되었다.

IT 비즈니스에서 플랫폼은 콘텐츠와 유저를 연결하는 것이다. 그렇다면 결국 콘텐츠를 제공하는 기업, 콘텐츠를 만드는 사람과 유저를 연결하는 것이다. 그리고 유저와 유저를 연결하는 것, 사람과 사람을 연결하는 것이다. 그것을 생업으로 삼아온 플랫폼 전문가가 본 IT 비즈니스의 모습을 정리해둔다면 분명 의미가 있으리라 생각한다.

사람과 사람을 연결해 모두가 웃는 얼굴로 행복해지는 인터넷 사회를 만들려면 무엇이 중요하고 어떤 공부가 필요한가? 그것을 이제부터 밝혀나가려 한다.

차례

◖관련 링크◗

10분 대담 유튜브　www.youtube.com/10taidan

저자 계정 G+　plus.google.com/+KazuhiroObara

트위터　@kazobara

제1장

IT 비즈니스는
어떻게 돈을 벌었는가

IT 비즈니스는 무엇을 파는가

가치관의 격차가 이익을 낳는다

IT 비즈니스라고 하면 지금까지의 비즈니스와는 전혀 다른 뭔가 특별하고 특수한 것이라는 인상을 받을지도 모른다. 정말로 IT 비즈니스가 특수한 것인가는 제쳐놓더라도 확실히 인터넷은 어떤 면에서 비즈니스 방식을 크게 바꾸었다.

IT 비즈니스가 비즈니스를 어떻게 바꾸었는지를 말하기 전에 먼저 IT 비즈니스만이 아니라 도대체 비즈니스가 어떻게 '돈'을 만들어왔는지를 생각해보자. 돈을 만들어낸다는 것은 결국 이익을 얻는 것인데, 이익이란 단순하게 말하자면 판매가와 구매가의 차액이다. 그러므로 더욱 큰 이익을 얻으려면 되도록 싼 상품을 사들여 되도록 비싸게 팔면 된다. 이것을 더 정확히 표현하면 다음과 같다.

'(그 상품을) 싸게 느끼는 곳에서 구매해 비싸게 느끼는 곳에 판매한다.'

이 전형적 예가 대항해시대에 에스파냐와 포르투갈이 행한 향신료 무역이다. 인도에서 구매한 후추 등의 향신료와 홍차를 유럽으로 운반해 판매했다. 인도에서는 후추와 홍차의 원료가 되는 식물이 그 근방에서 나는 것이므로 인도 사람에게는 귀한 것이 아니다. 때문에 특별히 가치를 인정받지 않고 가격도 아주 싸다. 즉 인도라는 장소는 향신료라는 상품을 '싸게 느끼는 곳'이 된다.

반대로 유럽에서 향신료는 원래 자기네 땅에 존재하지 않는 것이므로 아주 귀중하게 여겨진다. 무엇이든 인도 혹은 어디에 있는지도 모를 먼 나라에서 운반해 온 것이라고 들으면 더욱더 고마움이 커진다. 또한 이것을 요리에 사용하면 맛이 좋아지고, 그 맛이 자극적이라서 습관이 된다. 먹는다는 근원적 욕구를 충족해주므로 그것을 채우기 위해 구매자는 돈 모으기를 주저하지 않는다. 그 결과 후추 한 알에 금 한 알과 같은 값이 붙게 되고 만다. 거기가 바로 이 상품을 '비싸게 느끼는 곳'이다.

나는 대학 시절에 낡은 관광버스를 사서 다시 팔아 용돈을 벌었다. 그 버스는 교토 시내 관광용으로 주문 제작해 만들어진, 놀랍게도 샹들리에가 달린 호화(?) 버스였지만 다른 용도로 돌려쓸 수 없었다. 일반 버스로 되돌리려 해도 비용이 들어가므로 어찌할 수 없는 조금 곤란한 물건이었다. 나는 버스 회사 차고에 내버려진 그 버스에 주목했고, 내게 양도해주지 않겠냐고 버스 회사와 흥정했다. 버스 회사는 그 버스를 보관해두는 것만으로 비용이 들던 차여서 내 제의가 안성맞춤이었던 듯했다. 부디 가져가 달라는 식이 되어 대금 없이 공짜로 버스를 인수할 수 있었다.

물론 중고 버스를 인수한 것은 스스로 사용하기 위해서가 아니었다. 이것을 원하는 사람이 있을 것을 내다보고 그에게 팔아야겠다고 생각했기 때문이었다. 그리고 실제로 이 중고 버스를 원하는 곳이 있었다. 동남아시아 어느 나라의 버스 회사였다. 교토에서는 완전히 골칫거리였던 버스가 동남아시아에서는 아주 호화로운 버스로 환영받았다.

나는 이 버스를 60만 엔에 매각했다. 구매 가격은 0엔이므로 운반 비용과 자질구레한 절차에 들어간 다소의 경비를 빼더라도 판매가 대부분이 이익이 된 대단히 실속 있는 장사였다. 이 일에서 보듯이 같은 물건이라도 장소에 따라 가치가 전혀 달라진다. 이렇게 '장소에 따라 다른 가치의 차이'를 돈으로 바꾸는 것이 장사의 원점이다. 교토에서는 가치가 없다고 여겨져 대형 쓰레기나 다름없는 취급을 받던 중고 버스가 동남아시아에서는 샹들리에가 달린 호화 사양 버스로 높게 평가된다. 이런 가치의 차이가 이익을 낳는다.

역으로 말하면 비즈니스에서 이익을 얻기 위해서는 '장소에 따른 가치 차이'를 올바로 인식해야만 한다는 것이다. 팔려는 상품의 가치가 가장 낮은 장소와 높은 장소를 제대로 파악할 수 있는지가 최초의 관문이 된다. 이런 가치의 차이를 낳는 장소는 상품마다 다른 것은 물론이고 계절이나 날씨 그 밖의 다양한 요인에 따라 각각 변화할 것이다. 이 모든 요인들을 포함해 항상 올바른 조합을 선택할 수 있는지가 문제이다.

요컨대

* 팔려는 상품

* 그 상품의 가치가 가장 낮은 장소 (구매지)

* 상품의 가치가 가장 높은 장소 (소비지)

라는 세 가지를 연결하는 매칭이 비즈니스의 열쇠가 된다.

대항해시대에 에스파냐와 포르투갈은 대선단을 조직해

아프리카 대륙을 빙 돌아가는 데 많은 비용을 치렀다. 그래도 이 무역이 그들에게 막대한 이익을 가져온 것은 향신료라는 상품, 인도라는 구매지, 유럽이라는 소비지라는 세 가지를 적절히 선택했기 때문이다.

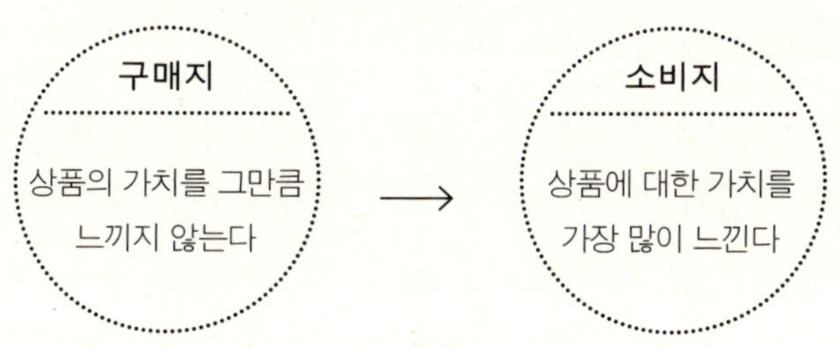

인터넷이 물건의 가치를 바꾸었다

그런데 인터넷이 출현하면서 이를 둘러싼 사정에 변화가 일어났다. 인터넷의 가장 큰 특징은 공간(거리)적, 시간적 제약 없이 전 세계를 연결한다는 것이다. 즉 두 장소가 공간적으로 얼마나 거리가 떨어져 있든지 상대방의 사정을 손에 잡힐 듯이 알아버린다. 이것이 어떤 현상을 낳는가 하면 지금까지의 비즈니스를 성립했던 '장소에 따른 가치의 차이를 돈으로 바꾸는 조작'을 백일하에 드러내고 만다.

향신료가 유럽에서 고가의 상품이었던 것은 그것이 인도에는 얼마든지 있다는 사실을 유럽 사람들이 몰랐기 때문이다. 유럽과 인도는 너무나도 멀었기에 유럽 사람들은 인도에 대해 거의 아무것도 몰랐다. "후추 따위 인도에서는 어디에나 널려 있어서 아주 싸다"라는 정보가 유럽에는 전해지지 않았다. 물론 후추를 사들이러 가는 상인들은 그것을 알지만 입 밖에 낼 리가 없다. 유럽 사람들이 그 사실을 모르니까 비싸게 산다는 것을 잘 알기 때문이다. 또한 인도 사람들도 후추 같은 것을 금과 같은 가격에 파는 사람이 있으리라고는 상상조차 하지 못했다. 내가 인수했던 중고 버스의 경우도 마찬가지이다. 동남아시아의 버스 회사는 중고 관광버스가 교토에서는 거의 가치가 없음을 알지 못했다. 교토의 버스 회사도 설마 그런 고물에 돈을 내는 회사가 있을 줄은 생각지도 못했을 것이다.

그런데 인터넷으로 교토와 동남아시아 그리고 세계 모든 장소가 연결되어 다양한 정보를 즉시 전달하게 되었다. 중고 버스의 처분에 어려움을 겪는 교토의 버스 회사에서 "낡은 버스가 거추장스러워 곤란하다. 누군가 낡은 버스를 인수해주지 않을까?"라는 정보를 발신하면 동남아시아의 버스 회사에서도 곧 알게 된다. 저것은 요전에 오바라라는 일본인이 우리에게 판 버스와 같지 않은가, 교토에는 비슷한 물건이 또 있나, 이쪽은 얼마일까 하며 교토에 문의하면 거추장스러운 물건이니 가져가주기만 한다면 비용을 지불하지 않아도 괜찮다고 말할 것이다. 이 버스가 교토에서는 전혀 가치가 없는 것이었음이 여기에서 밝혀진다. 오바라에게는 60만 엔을 지급했는데 그렇게 낼 필요가 없었던 것이 아닌가, 더 싼 가격으로 해도 좋았겠다고 동남아시아의 회사는 생각할 것이다.

한편 교토의 버스 회사에서도 변화가 생겨난다. 중고 버스를 탐내는 곳은 동남아시아의 버스 회사만이 아닐 것이다. 아마 세계 여기저기에서 문의가 들어올 것이 틀림없다. 이토록 원하는 사람이 많았다니 하면서 '이것은 공짜로 양도할 일이 아니지 않은가. 제대로 값을 매겨도 팔리겠는데'라고 생각할 것이다. 대형 쓰레기 같은 취급을 받으며 골칫거리였던 중고 버스에 가치가 생겨난다.

정보가 공유됨으로로써 '장소에 따른 가치의 차이' 자체가 없어진다. 완전히 없어지지는 않을지도 모르지만 아주 작은 것이 되어버린다. 그러면 결국 "장소에 따른 가치의 차이를 돈으로 바꾼다"는 비즈니스 모델이 성립되기 어려워진다. 설사 성립하더라도 거기에서 얻는 이익이 훨씬 작아진다.

인터넷이 거리 또는 그것에서 유래한 시간 차이를 없애버린 데서 오는 영향을 알기 쉬운 예를 또하나 들어보자.

인터넷의 등장으로 인해 큰 타격을 받은 직업 중 하나가 컨설팅이다. 나는 이전에 맥킨지&컴퍼니에서 컨설턴트로 일했는데 일본의 많은 컨설팅 회사가 고객에게 돈을 받

은 것은 "현재 미국 기업은 이런 방식으로 성공했습니다"라
는 내용의 보고서에 가치가 있었기 때문이다.

　인터넷이 없었을 때는 정보를 전달하는 데 시간이 걸렸
다. 미국의 최신 정보가 일본에 도달하기까지는 꽤 긴 시간
이 필요했다. 예를 들어 어떤 미국 기업에서 대단히 흥미로
운 사건이 있었다고 하자. 이 소식을 우연히 들은 잡지가 취
재를 한다. 월간지라면 그 기사를 실은 잡지가 나오는 것은
1개월 정도 뒤의 일이다. 그 잡지를 일본 잡지가 보고 번역
기사로 내려면 다시 1개월의 시간이 필요하다. 그것을 앞질
러 가서 고객에게 전하는 것이 컨설팅 회사의 보고서였다.
미국의 최신 정보를 다른 어떤 회사보다도 먼저 안다면 매
우 큰 이점이 되므로 기업은 이런 보고서에 돈을 지급했다.
컨설팅 회사의 보고서는 말하자면 타임머신 같은 가치가 있
었다. 그런데 인터넷을 통해 미국 기업의 동향을 고객 스스
로 즉시 알 수 있게 되었다. 컨설턴트의 보고서에 이미 타임
머신적 가치는 없어져버린 셈이다.

　이것은 우리에게 대단한 위협이었지만 동시에 다시없
을 기회라고 느꼈다. 그래서 나는 인터넷 비즈니스가 태어

나는 장소에 몸담고 거기에서 어떤 것을 만들어낼지를 생각
하게 되었다.

'물건'이 '정보'로 대체된다

인터넷 때문에 '가치의 차이를 돈으로 바꾸는' 비즈니스를
해나가기 어려워졌지만 그래도 완전히 불가능해진 것은 아
니다. 약간 양상이 바뀌기는 했지만 인터넷 비즈니스로서
남아 있다. 그 하나의 예가 리크루트로 대표되는 정보 비즈
니스이다. 여기에서는 '가치의 차이'가 '정보의 차이'로 대체
됨으로써 비즈니스로 성립한다. 전직(轉職) 비즈니스의 예
를 고찰해보자.

　전직을 생각하는 사람은 세상에 상당수 있겠지만 대부
분 상당한 불안을 품고 있을 터이다. 전직이란 한 사람이 몇
번이나 경험하는 일은 아니므로 대부분 전직 초심자이고

전직을 잘하려면 무엇을 어떻게 하면 좋을지 모른다. 그중에는 나처럼 열 번이나 전직을 되풀이하는 사람도 없지는 않겠지만 이는 상당히 예외적인 경우이고 대체로 그렇지 않다.

그러므로 "전직이란 이렇게 하면 됩니다"라는 전직 노하우는 전직 희망자에게는 아주 가치가 높은 것이고 그 정보를 제공하는 기업(리크루트)은 대단히 고마운 존재이다. 그래서 전직 희망자들은 주소나 성명을 시작으로 희망하는 직종과 수입, 근무지 등의 정보를 리크루트에 개방해 보여준다. 그렇게 하면 좋은 일이 있을 것이라고 느끼기 때문이다.

한편 전직자를 받아들이고 싶은 기업 쪽에서 보면 전직하고 싶다고 생각하는 사람이 있는 것은 틀림없지만 그들이 어디에 있는지를 모른다. 어디에 있는지 모르는 전직 희망자를 찾는 것은 매우 어려운 일이다. 그래서 기업 대신에 전직 희망자를 찾아주는 곳이 있다면 소개해준 전직 희망자 한 사람당 얼마라는 식으로 비용을 지불하겠다고 하게 된다.

그 "전직 희망자가 어디에 있는가"를 아는 것이 리크루트이다. 여기에서 비즈니스가 생겨난다. 여기에서는 '전직 노하우'라는 정보를 가지거나 가지지 않았다는 정보의 격차, '전직 희망자의 개인 정보'를 가지거나 가지지 않았다는 정보의 격차에서 비즈니스가 성립한다. 향신료나 중고 버스 같은 '물건'이 '정보'로 대체되었다고 말하면 될지도 모른다. 여기에서 리크루트가 하는 일은 전 세계 여기저기에 흩어진 정보(이 예시에서는 '전직 희망자', 즉 '유저')를 찾아내 한 곳(리크루트)에 모으는 것이다. 그런 일이 가치를 낳는다. 그리고 전직자를 찾는 기업이 그 가치에 대해 돈을 지급한다. 그리고 사실 이 '흩어진 정보를 한곳에 모으는' 작업은 인터넷이 대단히 잘하는 것이기도 하다. 이것이 인터넷상의 비즈니스에서는 기본적 스타일의 하나가 되었다.

'유저' 그 자체가 상품이 된다

리크루트가 하는 일은 전 세계 여기저기에 흩어진 유저를 모아서 그들을 찾는 기업과 연결하는 작업이다. 여기에서 발생하는 가치를 돈으로 바꾼다. 유저와 기업을 연결하는 매칭의 가치에서 비즈니스가 이루어진다.

흩어져 있는 유저와 기업을 연결하는 것을 달리 말하면 유저 자신이 거래 대상이 된다는 것이다. 즉 인터넷 이전의 비즈니스는 '물건을 싸게 사들여 비싸게 파는' 것이었지만 인터넷 비즈니스는 '유저를 싸게 사들여 비싸게 파는' 것이라 할 수 있다.

이것이 무엇인지, 이런 비즈니스의 전형이라 할 수 있는 구글을 예로 들어 설명해보자(실제로 행해지는 비즈니스는 더 복잡하고 다른 것이지만 여기에서는 알기 쉽게 단순화한 가공의 모델로 설명한다).

도쿄 롯폰기에서 커피를 마실 수 있는 가게를 찾는 유저가 있다고 하자. 그 사람은 롯폰기의 찻집이나 카페를 찾기 위해 스마트폰으로 '구글 맵스(Google Maps)'를 연다. '구글 맵스'에는 음식점이나 호텔, 편의점 등의 점포 위치에 아이콘이 표시되어 아이콘을 누르면 가게의 상세한 정보를 볼 수 있다. 실은 이때 이미 구글은 '유저를 구매한' 것이 된다. 유저가 구글의 밑천으로 와주었고 이후에 이 유저가 구글에 수입을 가져다줄지도 모르기 때문이다.

그렇다면 이 유저를 사고 싶은 기업도 있을 것이다. 유저를 자기 가게로 유도하고 싶은 찻집이나 카페이다. 그래서 구글은 '구글 맵스'에서 가게의 아이콘을 클릭해 정보를 본 유저를 1클릭당 15엔에 팔 수 있다. 덧붙여 유저가 스스로 '구글 맵스'를 열어 와주었으므로 구매하는 비용은 별도로 들지 않는다. 즉 구글은 '롯폰기에서 커피를 마시려 하는 유저'를 0엔에 구매해 '1클릭 15엔' 대가로 '롯폰기의 카페'에 판다. 이 관계에서 거래 대상은 '물건'도 '정보'도 아닌 '유저 자신'이다. "유저를 싸게 사들여 비싸게 판다"란 이런 것이다. 다만 구글도 유저 1인당 15엔을 언제든지 그대로 손에 넣을 수는 없다. "유저를 0엔에 구매했다"는 표현은 구글이 능동적으로(비용을 들여) 불러오지는 않았다는 의미에서 0엔이지만 실제로는 조금 더 복잡한 시스템이다.

롯폰기에 있는 유저가 '이 근처에 커피를 마실 수 있는 가게가 없을까?'라고 생각했을 때 현실에서는 스마트폰 등의 휴대 단말기를 열게 된다. '구글 맵스'는 어디까지나 휴대

단말기에 실린 것이므로 휴대 단말기가 있어야만 한다. 예를 들어 아이폰 유저가 아이폰에 있는 '구글 맵스'를 여는 경우에는 아이폰이 유저의 창구가 된다. 그러므로 아이폰 유저가 클릭할 때는 창구가 된 곳에 대한 수수료 같은 의미로 15엔의 일부를 애플에 넘겨주어야 한다. 즉 구글은 유저를 싸게 사들여 비싸게 판다. 단말기 제조 업체는 구글의 창구가 됨으로로써 수입을 얻는다. 이것이 인터넷 비즈니스이다.

배너 광고처럼 기업에서 광고비를 받는 비즈니스도 구조적으로는 이것과 마찬가지이다. 예를 들어 뉴스 사이트에는 뉴스를 읽고 싶은 유저가 모여들 텐데 경제 뉴스를 읽으러 오는 사람은 당연히 경제에 관심이 있는 사람이다. 그래서 경제 뉴스 페이지에 FX(Foreign Exchange, 외국환) 사이트 배너 광고를 표시해 유저를 FX 사이트로 유도한다면 그 배너를 클릭해줄 가능성이 높다. 이는 뉴스를 읽으러 온 유저를 FX 사이트에 파는 것이다.

전 세계에 흩어진 유저를 한곳에 모아서, 돈을 내고서라도 그 유저를 데려오고 싶은 기업이나 사람과 연결하고 매칭하는 것이 인터넷 비즈니스이다.

유저를 찾는 데는 비용이 든다

유저를 찾아 모으는 일은 사실 대단히 어렵다. 얼마나 어려운 일인가는 실제로 구글이 막대한 이익을 얻는 데서도 분명히 드러난다. 자기들이 하기에는 버거울 만큼 큰일이라고 느끼는 기업이 많으므로 그것을 대신 해주는 회사, 곧 구글에 돈을 지급하는 것이다. 당연히 구글로서도 유저를 찾아내기란 간단한 일이 아니다. 구글은 구글대로 상당한 비용과 노력을 들여 유저를 찾는다.

일본에서는 그다지 익숙하지 않지만 TAC(Traffic Acquisition Cost, 트래픽 인수 비용)라는 재무 지표가 있다. 쉽게 말해 유저를 획득하기 위해 치르는 비용이다. 구글이든 마이크로소프트(Microsoft)든 야후(YAHOO)든 기업이 평가될 때는 매상에서 반드시 이 TAC를 제한다.

구글이 모아놓은 유저에는 구글이 아무것도 하지 않더라도 구글 검색이나 '구글 맵스' 등으로 모여드는 사람도 있지만 그와 다른 경로로 모이는 유저도 있다.

예를 들어 구글이 검색과 관련해 아메리카 온라인

(AOL)과 제휴했기 때문에 아메리카 온라인의 검색 서비스는 현재 구글 검색엔진을 사용한다. 아메리카 온라인 사이트에서 웹 검색을 실행하면 검색 결과 화면에 'enhanced by Google'이라는 문구가 표시되는데 실제로는 이 검색 결과 화면 자체가 구글의 것이다. 유저가 이 페이지에 있는 광고를 클릭하면 구글에 광고료가 들어가는 것은 구글 오리지널 웹 검색 화면과 마찬가지이다. 즉 구글은 아메리카 온라인에 검색엔진을 사용하게 해줌으로써 아메리카 온라인을 경유한 유저를 모으는 셈이다. 그리고 창구가 되어주는 대가로 구글은 아메리카 온라인을 경유하는 유저가 클릭하는 데서 얻는 수입의 몇 십 퍼센트를 아메리카 온라인에 지급한다. 이러한 기본적 관계는 애플과 마찬가지이다.

그런데 마이크로소프트가 더 좋은 조건을 아메리카 온라인에 제시한다면 아메리카 온라인은 검색엔진을 마이크로소프트의 것으로 대체해버릴지도 모른다. 검색엔진이 마이크로소프트의 것이 된다면 아메리카 온라인을 경유하던 유저가 통째로 마이크로소프트로 흘러가게 된다. 그렇게 되면 지금까지 아메리카 온라인 경유 유저가 가져다주던 돈은 더이상 구글에 들어오지 않게 된다.

그렇다면 이 아메리카 온라인 경유 매상은 구글 자체의 진정한 실력은 아니라고 생각된다. 따라서 구글의 진정한 실력을 측정하려면 아메리카 온라인 경유 유저를 획득하기 위해 사용한 비용, 즉 아메리카 온라인에 지급한 금액을 뺄 필요가 있다. 이것이 TAC 사고방식이다.

미국에서는 기업을 평가할 때 반드시 TAC가 등장할 만큼 중요한 요소로 고려되고 있으며 인터넷 비즈니스에서는 어떻게 TAC를 0에 가깝게 만들까 하는 것이 큰 과제가 되었다. TAC를 최대한 0에 가깝게 하는 것은 유저 쪽에서 자발적으로 모여들도록 할 수 있는가에 달려 있다. 이것이 인터넷 비즈니스에서는 하나의 승부이다.

그러므로 구글이 인터넷에서 제공하는 서비스는 유저에게 '자발적으로 모여달라고' 하기 위해 제공한다. 웹 검색 서비스, 지도 서비스, 뉴스 서비스, 사전 서비스, 번역 서비스, 메일 서비스 그리고 달력·일정 관리 서비스도 그렇다. 다양한 편의 기능을 제공함으로써 유저에게 모여달라고 하는 것이다. 이런 서비스들이 기본적으로 무료인 것은 당연

한 일이다. 여기에서는 되도록 많은 사람이 와주는 것이 최
대의 목적이고, 구글은 그 서비스 자체를 돈으로 바꾸고 싶
은 것은 아니기 때문이다.

구글은 어떻게 승리했는가

다양한 인터넷 서비스로 유저를 모았다면 이제 그들을 기업과 연결해야 한다. 모여든 유저는 제각기 정보를 구한다. 그들이 원하는 정보와 유저를 원하는 기업을 적절히 연결해야 한다. 롯폰기에서 커피를 마시고 싶은 유저와 가전 양판점은 연결해도 아무런 의미가 없다. 가전 양판점은 그 유저를 사주지 않는다. 가전 양판점이 원하는 것은 새로운 텔레비전을 구하는 사람이지 롯폰기에서 커피를 마실 수 있는 가게를 알고 싶은 사람이 아니다. 그런 사람은 찻집이나 카페와 연결해야 한다.

유저와 기업을 올바르게 짝짓는 매칭의 최적화가 대단히 중요해진다. 최적의 매칭을 실현하려면 무엇보다도 유저가 구하는 것이 무엇인지를 올바로 파악해야 한다. 이것을 할 수 없다면 최적화할 방법이 없는 셈이라서 어떤 의미에서는 가장 중요한 요소이다. 구글은 여기에 엄청난 강점을 지닌다.

유저가 무엇을 구하는가를 유저 자신이 명확히 언어화

하도록 한다. 즉 알고 싶은 정보를 구글 검색창에 키워드로 입력시키는 것이다. 검색창에 '커피'라고 키워드가 입력되면 그 사람이 커피에 홍미가 있다는 사실이 분명해진다. 그래도 커피를 마시고 싶은지, 커피콩을 사고 싶은지 또는 커피 산지에 관해 알고 싶은지는 알 수 없다.

그러나 키워드가 '커피 롯폰기'라면 커피콩 산지를 알고 싶은 것이 아니라 커피를 마실 수 있는 가게를 그것도 롯폰기에서 찾고 있음을 알 수 있다. 이렇게 간단하게, 더욱이 정확한 정보를 손에 넣는 방법은 달리 없다.

이는 물론 구글이 유저가 구하는 정보가 인터넷의 어디에 있는지 찾아주는 가장 우수한 검색엔진을 가졌기 때문에 가능한 일이다. 뛰어난 검색엔진이 있기에 유저가 구글 검색 기능을 이용하고 상세한 키워드를 입력하는 것이다.

구글이 이 검색엔진을 손에 넣었다기보다 만들어낸 것이지만 이는 매우 중요하다. 예전에는 검색창에 키워드를 입력하면 정확한 정보를 보여주는 대신 분류된 디렉터리에서 유저에게 선택해달라고 했다. "당신이 알고 싶은 것은 무엇입니까? 다음 10개 중에서 선택해주세요"라는 식이다.

선택지 중에서 하나를 고르면 다시 "그러면 다음으로 아래 10개 중에서 선택해주세요"라고 한 단계씩 나아간다. 만약 롯폰기에서 커피를 마시고 싶다면 '구르메(gourmet)' → '외식' → '찻집' → '도쿄 도' → '미나토 구' → '롯폰기' 이렇게 차례대로 좁혀간다. 이런 디렉터리를 만들기는 그리 어렵지 않다. 기본적으로는 태그를 어떻게 정할까 하는 단순한 분류학의 세계라서 이것은 여기이고 저것은 저쪽, 이렇게 기계적으로 분류하면 된다.

반면 구글 검색은 하나의 키워드가 입력되면 이 키워드에 합치하는 페이지를 정확히 찾아 알고리즘에서 자동으로 처리해야 하는데 이를 가능하게 하는 엔진을 만들기가 매우 어려웠다. 그런데 구글의 공동 창업자인 래리 페이지(Larry Page)와 세르게이 브린(Sergey Brin)이 페이지랭크(PageRank) 이론을 발명함으로써 실현됐다. 페이지랭크 이론이란 '어떤 키워드에 대해, 그것을 중요하게 다루는 페이지에서 링크하는 페이지는 중요하다'는 것이다.

예를 들어 '결혼'을 키워드로 검색할 경우, 결혼에 관해 많은 내용이 적혀 있는 페이지('결혼을 중요하게 다루는 페이지'로 정의할 수 있다)에서 참조하는 페이지는 중요하다고 규정한다. 그리고 이것을 여러 개 뽑아내다보면 복수의 사이트에서 공통으로 참조하는 페이지가 발견된다. 그 페이지는 특히 중요도가 높은 페이지라고 간주할 수 있다. 계산으로는 그렇게 차례로 가중치를 부여해가면 키워드 '결혼'에 합치하는 페이지를 바로 내놓을 수 있다.

이 페이지랭크 이론의 근거가 되는 것이 학술 논문이다. 학술 논문의 세계에서는 타인의 논문에 많이 인용될수록 좋다. 다른 논문에서 인용되는 것을 찾기 위해 사용하는 논문 검색 방법을 인터넷에 응용한 것이다. 현재는 페이지랭크 이론만이 아니라 한층 더 최적화가 진행되어 더욱 정밀도가 높은 검색이 가능해졌다.

유저의 의도를 첨예화한다

여하튼 그때까지의 검색은 디렉터리 유형으로 매우 굼뜬 단계를 밟았는데, 구글 검색엔진은 유저가 알고 싶은 것을 직접 입력하는 것으로 검색 방식을 바꾸었다. 유저가 원하는 정보를 그대로 언어화하는 데 성공한 것이다. 달리 말하면 '유저가 구하는 것이 무엇인지를 명확히 한다, 또는 유저의 의도를 첨예화할 수 있다'는 말이다. 그리고 페이지랭크 이론에 의해 유저의 의도에 따른 정보를 정확히 필터링해 제시할 수 있게 되면서 유저와 기업을 올바르게 매칭하는 것이 가능해졌다.

필터링이란 검색만이 아니라 광고 세계에서도 마찬가지로 행해진다. 우리가 보는 웹상의 배너 광고도 얼핏 무질서하게 붙은 것처럼 보이지만 실은 배후에서 갖가지 계산이 이루어진다. 그 페이지를 보는 사람이 어떤 사람이고 무엇을 구하는가를 상정하지 않으면 효과적인 광고를 할 수 없기 때문이다.

이 페이지를 보는 사람이 어떤 사람인가를 상정한 다음

에 광고를 싣는 일은 사실 인터넷이 등장하기 이전에도 행해졌다. 예를 들어 여성 잡지라면 독자의 압도적인 수를 여성이 차지하고 있으므로 여성 화장품 광고를 싣는다는 식이다. 유저의 의도를 해독해 거기에 합치하는 광고를 필터링해 제시한다고 할 수 있다.

다만 인터넷의 경우는 더욱 지능적이 되어 여성이 읽는 페이지라는 것만이 아니라 그 유저의 페이지 열람 이력 등을 본다. 지금 이 유저는 여성이 잘 읽는 페이지에 있지만 여기에 오기 전에는 육아 페이지를 보았다. 아마도 이 사람은 최근 아이를 낳은 사람이거나 머지않아 출산할 예정일 것이다. 그렇다면 육아에 쫓기거나 출산 준비에 바쁘거나 해서 화장할 기회는 그다지 없을지도 모른다. 그러므로 화장품 광고보다도 육아 용품 광고를 노출하는 쪽이 유저가 광고를 보아줄 가능성이 높을 것이다. 이것을 행동 타기팅(behavioral targeting) 광고라고 한다. 유저가 복수의 사이트에서 어떤 행동을 하는가에 근거한 광고이다. 이 필터링이 우수해서 매칭이 최적화되었다면 유저를 찾아준 것에 대해 기업이 돈을 지급한다.

웹 검색에 의한 정보 제공은 물론 매우 유효하지만, 기업측에서는 유저에게 더 직접적으로 작용하고 싶어한다. 유저가 검색창에 '커피 롯폰기'라고 입력할 때까지 기다리지 않고 롯폰기에서 커피를 마시려는 사람에게 미리 가게의 존재를 알리고 싶다는 사고방식이다.

구글이라는 회사가 대단한 것은 이를 위한 플랫폼도 제대로 준비해놓았다는 점이다. 애드센스(AdSense) 서비스가 그것이다. 웹 페이지의 콘텐츠에 맞추어 관련 광고가 자동으로 전송·게시되는 방식이다. 웹 페이지 운영자가 애드센스를 이용하면 해당 페이지 내용이 해석되어 관련 광고가 표시된다. 즉 콘텐츠 안에 '커피'나 '롯폰기'라는 키워드가 포함되면 롯폰기 카페 광고가 표시되는 구조이다. '커피'나 '롯폰기'라는 단어가 많이 나오는 페이지를 일부러 보러 온 사람은 커피를 좋아하고 롯폰기에 갈 기회가 많거나 가고 싶다고 생각하는 사람일 가능성이 높다. 결국 롯폰기 카페의 잠재적 유저라고 할 수 있다. 그러니 유저를 앞질러 가서 이 페이지에 롯폰기 카페 광고를 내고 가게로 유도하자는 것이다.

유저가 이 광고를 클릭하면 1클릭당 얼마라는 구글의 매상이 되므로 보통 웹 광고 같지만 애드센스에서는 그 일부가 사이트 운영자에게도 보수로 넘어간다. 사이트 운영자의 입장에서 자신이 아무것도 하지 않아도 독자가 클릭할 가능성이 높은(달리 말하면 자기 수입에 연결될 가능성이 높은) 광고가 자동으로 표시되므로 매우 이익이 된다. 그래서 경쟁적으로 애드센스를 이용한다.

구글은 유저 쪽이 작용하는 검색엔진이라는 플랫폼과 기업 쪽이 작용하는 애드센스라는 플랫폼 양쪽을 보유하게 되었다. 이 두 가지 플랫폼이 구축되면 다음은 간단하다. 구글이 '유저가 정보를 손에 넣기 위한 공간'을 만들면 그것을 그대로 환금화할 수 있다.

예를 들어 '구글 맵스'는 '유저가 정보를 손에 넣기 위한 공간'이다. 유저가 지도를 펼쳐 "어디에 가고 싶다"라고 하면 그 장소에 있는 레저 시설이나 음식점의 정보를 즉시 제공할 수 있다. 유저가 아이콘을 클릭만 해주면 환금화가 종

료된다.

　'구글 맵스'만이 아니다. 동영상이나 뉴스 혹은 다른 무엇이라도 좋다. 유저가 모여들어 자기가 무엇을 알고 싶은지, 어떤 것에 흥미가 있는지를 표명할 수 있는 공간, 달리 말해 유저의 의도를 파악할 수 있는 공간이 있다면 그곳이 그대로 비즈니스의 장이 된다.

　구글보다 페이스북(facebook)의 환금화가 비교적 어려운 것은 유저의 의도를 파악하기 어려운 것에 기인한다. 페이스북은 친구의 정보를 찾아오는 곳이므로 자기가 바라는 것을 명시적으로 표명하지는 않는다. 광고를 표시해도 그것이 꼭 유저의 의도와 합치한다고 할 수는 없고, 실제로 합치할 가능성도 낮을 것이다. 따라서 유저는 좀처럼 광고를 클릭해주지 않는다. 광고를 클릭해주지 않으면 사이트 수입으로 연결되지 않는다. 즉,

1. 유저의 의도를 첨예화해 올바르게 파악한다.
2. 그 의도에 근거해 최적인 것을 제시한다.

이 두 가지 구조가 제대로 돌아가는 것이 인터넷 비즈니스에서는 중요하다.

여기까지는 구글을 예로 들었지만 구글 이외에 아마존닷컴(Amazon.com)이나 카카쿠닷컴(価格コム, kakaku.com) 같은 사이트에서도 원리적으로는 마찬가지이다. 정보를 파는가, 실제 물품을 파는가의 차이는 있지만 기본적인 구조는 바뀌지 않는다.

구글의 경우, 정보를 다루지만 돈은 유저에게 접근하고 싶어하는 기업으로부터 받는다. 이것은 광고 비즈니스이다. 뉴스 사이트의 구독료처럼 유저가 정보를 사주는 경우는 과금 비즈니스가 된다. 물론 뉴스 같은 정보가 아니라 실제 상품, 물품을 파는 것도 가능하다. 이런 정도가 인터넷 비즈니스의 기본이다.

아마존닷컴은 직접 상품을 팔지만 동시에 광고도 표시해 광고 수입을 얻으며 유저에게 과금하는 '아마존 프리미엄'이라는 것도 한다. 기본적인 인터넷 비즈니스 스타일을 전부 취하는 것이다.

이렇듯 구글은 인터넷 비즈니스를 상당히 잘 운영하는 회사이다. 그렇다 하더라도 어떻게 이토록 압도적인 존재가 될 수 있었을까? 하나는 무척 단순한 문제이다. 이미 언급한 바와 같이 인터넷에서는 어떻게 많은 유저를 모으는지가 하나의 승부이다.

예를 들어 거리에서 전자 제품을 사려 한다면 어디로 갈까? 많은 사람이 야마다 전기 등의 대형 양판점 이름을 들 것이다. 인터넷이라면 카카쿠닷컴에 가서 실제 가격을 조사할 것이다. 또는 맛있는 레스토랑을 찾으려 한다면 타베로그(食べログ, tabelog.com)에 가리라고 생각한다.

이렇게 아무런 힌트나 단서도 없이 브랜드 이름 등을 떠올리는 것을 '순수 상기'라고 하는데 이 순수 상기를 선점하면 최강이 된다. 사람들은 우선 머릿속에 떠올린 장소에 가게 되므로 순수 상기를 잡은 사이트에 사람들이 모여든다는 것이다.

순수 상기를 잡기 위해 중요한 요소 중에 하나는 최초

에 브랜드를 확립하는 것이다. 많은 사람들은 최초에 브랜드를 구축한 곳을 더 높이 평가하는 경향이 있다. 예를 들어 카카쿠닷컴과 유사한 사이트로 EC나비(ECナビ, ecnavi.jp)라는 사이트가 있지만 사람들은 아무래도 EC나비보다 카카쿠닷컴으로 향한다. 구글도 순수 상기를 잡았다. 웹 검색이라면 '구글 검색', 지도라면 '구글 맵스', 메일 서비스라면 '지메일(Gmail)', 동영상이라면 '유튜브(YouTube)', 이렇게 대부분의 분야에서 구글이 순수 상기를 획득했다. 따라서 사람들이 모여든다.

또하나는 '수확체증의 법칙'이다. 수확체증은 생산 규모가 커지면 생산이 더 효율적이 되어 수확이 규모의 증대 분량보다 커진다는 것이다. 만약 생산 규모가 두 배로 늘었다면 생산 효율화에 의해 수확은 두 배에 그치지 않고 세 배, 네 배로 가속도적으로 늘어간다.

이런 것을 생각할 때 가장 알기 쉬운 예가 인터넷 경매이다. 경매 분야에서는 야후 옥션이 월등히 강하다. 유저는 출품자가 가장 많은 경매 사이트에 가야 더욱더 확실한 선택을 할 수 있다. 출품자가 많으면 상품도 많으므로 그만큼

✳순수 상기의 원리✳

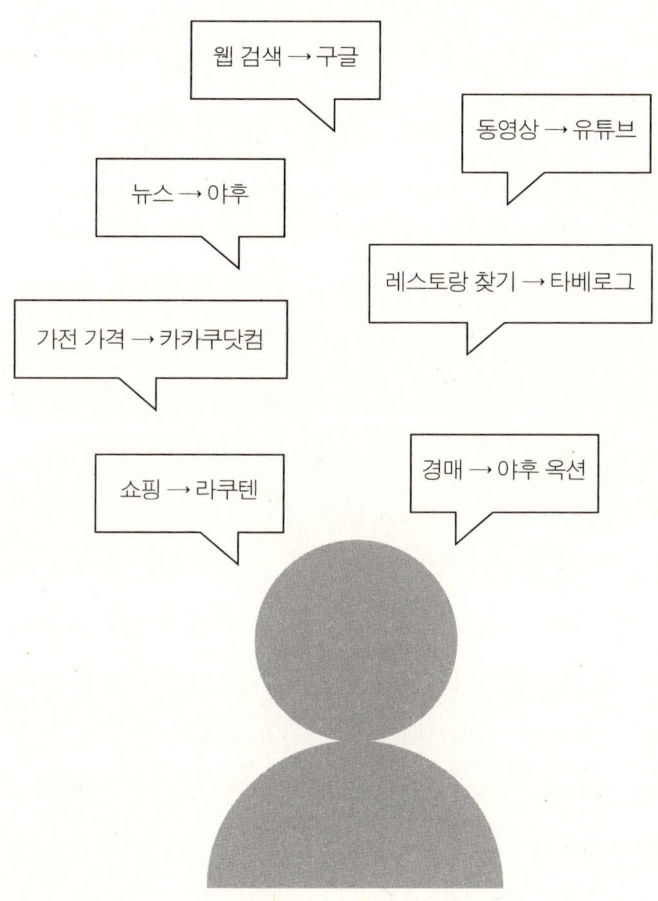

자기가 희망하는 상품을 찾을 가능성이 높기 때문이다. 한편 출품자 역시 유저가 많이 모여 있는 사이트에 출품하는 것이 가장 유효하다. 유저가 많이 모여 있으면 자기가 출품하는 상품을 원하는 사람이 있을 가능성이 높다. 원하는 사람이 여러 명 있으면 서로 경쟁해서 고가에 낙찰을 받을지도 모르기 때문이다.

그래서 일정한 역치를 넘으면 출품자가 유저를 부르고 유저가 출품자를 부르는 주기에 들어가며 점점 사람과 상품이 모여들어 결국 강력해진다. 후발 경매 사이트들이 있지만 출품자는 손님이 없는 곳에 출품해도 소용이 없고 유저도 야후 옥션에 가면 상품이 있다는 것을 알기에 다른 사이트에 갈 의미가 없어진다. 이렇게 강한 곳이 점점 더 강해지는 것이 수확체증의 법칙이다.

인터넷 비즈니스는 정보를 구하는 쪽과 구해지는 쪽을 매칭하는 비즈니스이므로 정보를 구하는 사람이 많은 곳에 정보를 내놓는 사람이 모인다. 그리고 정보를 내놓는 사람이 많은 곳에 정보를 구하는 사람이 모인다. 필연적으로 네트워크 비즈니스는 수확체증의 법칙을 따르기 쉽다. 그렇다면 처음으로 역치를 넘은 곳, 즉 티핑 포인트(Tipping Point)를 넘은 곳이 압도적으로 강해진다. 현실의 인터넷 비즈니스에서 최초에 티핑 포인트를 넘은 곳이 바로 구글이었다.

과금 비즈니스가 성공하지 못한 이유

인터넷 비즈니스에서 돈을 버는 방법의 하나로 유저에게 콘텐츠를 사게 하는 콘텐츠 비즈니스, 과금 비즈니스가 있다. 정보를 원하는 유저가 돈을 내서 사게 한다는 것은 가장 간단하고 손쉬운 스타일이지만 실제로는 그다지 잘되지 않는 것이 현재 실정이다.

유저에게 돈을 얻어내는 비즈니스에서 성공한 사례가 없지는 않다. 그러나 다수는 기본적으로 무료 서비스(free)이고 일부 부가가치 서비스, 강화 기능 서비스에 대해 과금하는(premium), 이른바 프리미엄(free+premium) 형태를 취한다.

그 대표 격이 에버노트(Evernote)나 드롭박스(Dropbox)이다. 예를 들어 에버노트는 노트와 사진, 음성 등을 보존해두는 서비스인데 업로드 용량이나 노트 하나의 최대 용량 등에 제한이 있다. 무료로 제공되는 표준 계정에서는 월간 업로드 용량이 60MB(메가바이트, 1MB=1,024KB), 노트 하나의 최대 용량은 25MB 등으로 정해져 있다. 대개의 유저는 이 제한 용량 내에서 이용해도 충분하겠지만 더 큰 용량의 노트를 보존하고 싶다면 유료 특별 계정을 선택해서 월간 업로드 용량 1GB(기가바이트, 1GB=1,024MB), 최대 노트 크기 100MB까지 기능을 강화할 수 있다. 이것이 프리미엄이다.

그러면 왜 이런 비즈니스 형태를 취하는가? 에버노트처럼 정보를 보존하는 서비스는 이전에는 대단히 큰 비용이 드는 것이었다. 그런데 하드디스크 가격이 저렴해지며 현재는 1TB(테라바이트, 1TB=1,024GB)에 1만 엔(약 92,500원)이 안 될 정도가 되었다. 이런 상황에서는 100만 명, 1천만 명이라는 수의 유저가 약간의 노트나 사진을 모아두는 데 사용하는 디스크 용량은 대수롭지 않다. 에버노트로서는 큰 비용이 들지 않는다.

그렇다면 기본은 무료 서비스로 많은 유저를 모아서 그중 1퍼센트라도 부가가치 서비스에 돈을 내준다면 충분히 비즈니스로 성립한다. 이것이 프리미엄의 사고방식이다. 프리미엄 비즈니스 모델이 일정한 성공을 거두기도 해서 과금 비즈니스가 그리 잘되지 않는 것에 대해 '무료가 아니면 손님이 오지 않는다' '인터넷은 무료가 아니면 안 된다'는 인식이 있다.

그러나 나는 그 반대라고 생각한다. 과금 비즈니스가 잘 되지 않는 것은 돈을 모으는 시스템이 갖추어지지 않았기 때문이다. 손님이 돈을 치르기 위한 환경이 만들어지지 않았으므로 본래 과금할 만한 것이어도 무료로 할 수밖에 없다.

과금에 드는 비용이란

고속도로를 달리다가 정체 현상이 빚어졌을 때 이 정체가 어디까지 이어지는지, 얼마쯤 있으면 빠져나갈지를 당장 알 수 있다면 매우 편리하다. 만약 그것이 월 300엔의 유료 서비스라도 300엔 정도라면 지급해도 좋다고 생각하는 사람이 적지 않으리라 생각한다.

다만 유료 유저로 등록하기 위해서는 신용카드를 꺼내

카드 번호나 유효기한이나 보안 코드를 입력하는 수고를 들여야 한다. 대개 돈을 내서라도 차량 정체 정보를 알고 싶다고 생각하는 상황은 실제로 정체에 걸렸을 때인데, 정체중이어서 차가 움직이지 않아도 그런 귀찮은 일은 하지 않을 것이다. 따라서 아무도 돈을 지급하지 않는다. 돈을 치를 마음이 없는 것이 아니라 절차를 밟는 것이 싫기 때문이다.

유저가 돈을 치를 것인가는 정보의 대가만이 아니라 그 정보를 조사하는 시간이나 지급에 걸리는 시간, 수고 등 총비용에 상응하는가에 따라 정해진다. 정보 자체의 비용, 그 정보를 찾기 위한 탐색 비용, 정보를 손에 넣는 데 필요한 비용. 이 세 가지를 합친 비용이 가격에 걸맞은가를 살핀다. 탐색 비용을 알기 쉬운 예로 말하자면 아이튠즈(iTunes)를 들 수 있다. 아이튠즈에서 구매하지 않아도 음악 파일을 손에 넣는 것은 가능하다. 불법 다운로드나 파일 공유 프로그램 위니(Winny)에서라면 공짜로 손에 넣을 수 있다. 대개 사람들은 음악 파일을 공짜로 손에 넣는 수단을 알면서도 아이튠즈에서 돈을 내고 산다(물론 부정한 일에 가담하지 않는다는 윤리관 문제도 있지만 여기에서는 잠시 접어두고 비용에 관해서만 생각해본다).

　도대체 무슨 일인가 하면 위니에서 10~20분 걸려 파일을 찾는 것과 아이튠즈에서 10초 만에 찾아 시청하고 100엔을 지급하는 것을 비교할 때 어느 쪽이 좋은가 하는 문제이다. 대다수 사람은 위니에서 파일을 찾는 귀찮은 일을 하기보다 100엔 치르는 쪽이 이득이라고 생각한다. 물론 100엔을 내기보다 인터넷상에서 1시간 찾는 쪽이 낫다고 생각하는 사람도 있다. 탐색 비용은 지각(知覺) 비용이라서 사람에 따라 다르게 인식한다. 예를 들어 시급 800엔에 아르바이트를 하는 사람이 100엔짜리 노래를 찾을 때 그것이 7.5분에 발견된다면 공짜로 손에 넣는 쪽이 이득이라고 느낄지도 모른다. 그 사람이 어떤 작업을 할 때 보수가 시급 800엔, 곧 7.5분당 100엔이라는 값이 기준이 되므로 7.5분 이내의 작업이라면 100엔 이하의 비용에 한다는 감각이다. 반대로 그 이상의 시간이 걸린다면 그 사람에게 100엔 분량 이상의 시간을 소비하는 셈이므로 손해가 된다. 만약 시간의 지각 비용이 0엔에 가까워 시간을 아무리 사용해도 상관없다고 생각하는 사람이 있다면 1시간이 걸리더라도 위니에서 찾으려 할 것이다.

그러나 어쨌든 탐색 비용은 불안정해서 실제로 얼마나 들지는 모른다. 금방 찾아낸다고 생각해 시작했는데 전혀 발견되지 않고 엄청나게 시간이 걸리는 일이 왕왕 일어난다. 그런 것은 시간을 들여 찾기보다 바로 손에 넣는 편이 나으므로 대개 100엔을 치르는 쪽을 선택한다.

손에 넣기 위한 비용에 대해서는 '100엔 라이터 이론'의 예를 드는 것이 좋겠다. 어떤 사람이 담배를 피우고 싶은데 라이터를 집에 두고 왔다. 그 라이터가 아무리 고급인 지포(Zippo) 라이터라 해도 가까운 편의점에서 100엔 라이터를 살 수 있다면 일부러 집까지 가지러 돌아가지는 않는다. 집에 가지러 돌아가기보다 가까운 곳에서 100엔 라이터를 사는 쪽이 훨씬 비용이 덜 들기 때문이다.

과금 비즈니스가 성립하는가를 좌우하는 문제는 탐색 비용과 지급에 드는 비용 등을 포함한 총비용이 알맞은가 하는 것이다. 그런데 현재 상황에서는 지급을 위한 비용이 너무 비싸다. 그래서 유저가 돈을 내주지 않는다.

간편하고 간단하게 지급할 수 있는 시스템이 정비되고

정확한 정보를 손에 넣는다면 사람들은 돈을 낸다.

다행히 스마트폰 아이오에스(iOS)와 안드로이드(Android)가 소액 과금이 가능한 플랫폼이 되고 있다. 플랫폼이 이루어지면 과금 비즈니스 시장이 점점 생겨날 것이다. 그 좋은 예가 다름 아닌 일본이다. 재차 언급하겠지만 일본의 휴대전화는 각 사업자가 네 자릿수 비밀번호를 넣기만 하면 과금할 수 있는 체제를 만든 덕분에 세계 제일의 콘텐츠 시장을 만들어냈다. 일본의 휴대 콘텐츠 시장 규모는 절정기인 2011년에는 6천5백 억 엔을 넘어섰다. 아이폰 앱 스토어가 전 세계에서 판매한 금액을 훨씬 웃도는 것이다.

소셜 게임은 「북풍과 태양」

콘텐츠 과금의 대표적 존재라고 할 만한 것이 게임 콘텐츠이다. 게임 콘텐츠는 상품의 성격상 앞에서 예로 든 에버노트나 드롭박스 그리고 정보를 파는 유형의 비즈니스와는 다르고, 때문에 돈을 얻는 방법도 다르다. 말하자면 쾌감에 대한 돈을 얻어내는 비즈니스여서 어떤 형태로 게임을 하는 쾌감을 유저에게 제공하고 그 대가로 돈을 얻어내는지가 관건이다.

그런 게임 콘텐츠 가운데서도 그리(www.gree.jp)나 모바게(www.mbga.jp) 등 소셜 게임과 최근의 스마트폰 게임은 돈을 받는 방법이 또 다른데, 먼저 잠시 살펴보자.

실은 〈괴도 로열〉로 시작한 소셜 게임도 〈퍼즐&드래건스〉 등의 스마트폰 게임도 그 원형은 〈포켓몬스터〉이다. 게임의 기본적 제작 방법은 〈포켓몬스터〉에서 아무것도 바뀌지 않았다. 〈포켓몬스터〉를 만든 다지리 사토시(田尻智) 씨는 정말 훌륭한 사람으로, 그가 쓴 『새로운 게임 디자인(新ゲームデザイン)』이라는 책은 나에게 경전과 같다.

다지리 씨는 게임의 주요 요소로 '교환' '수집' '육성' '대전'을 들었다. 이런 요소들이 어린이를 비롯한 사람들을 게임에 빠져들게 한다는 것이다. 포켓몬을 친구와 교환한다, 새로운 포켓몬을 모은다, 친구의 포켓몬과 대전한다. 여기서 재미를 찾아내는 것이다. 실은 이 '교환' '수집' '대전'은 옛 놀이에도 있던 요소이다. 딱지놀이나 팽이치기도 친구와 교환하거나 새로운 것을 모으거나 겨루는 놀이이다. 다지리 씨가 대단한 것은 그것을 디지털에 맞추어 컴퓨터 게임의 세계를 바꾸어놓은 점이다.

그런데 소셜 게임이란 사람들이 자기도 모르게 빠져들고 마는 '교환' '수집' '육성' '대전' 각각의 부분에서, 부정적인 표현이기는 해도 결국 돈을 빼앗으려는 것이다.

가장 상징적인 예가 〈괴도 로열〉이다. 이 게임은 6종류나 8종류의 아이템을 모으는 과정을 마치면 희귀 아이템이 손에 들어오지만 자신이 필사적으로 모은 아이템은 게임 줄거리에 따라 타인에게 도둑맞듯이 설계되어 있다. 애초에 설계가 도둑맞는 것처럼 되어 있으므로 확률론에 따라 아이템이 네다섯 개가 모일 때에 도둑맞고 만다. 도둑맞지 않도록 지키는 아이템도 준비되어 있어 그 아이템을 사서 도둑맞는 것을 방지하라고 한다. '수집' 단계에 돈을 받는 구조이다.

게다가 '대전' 장면에서는 랭킹이라는 형태로 유저 각자의 힘과 순위가 드러나게 된다. 그런 식으로 힘의 상태를 보여주면 상대보다 더 강해지고 싶고 순위를 올리고 싶다고 생각하는 것이 인지상정이다. 타인과 겨루는 가운데 더욱 강해지기 위해 돈을 내게 된다.

이 구조는 끝없는 소모전이다. 자기가 강해지려고 돈을 쓰면 거기에 대항하기 위해 타인도 돈을 써서 더 강해진다. 그보다도 더욱 강해지기 위해 또 돈을 쓴다. 타인이 돈을 쓰면 이쪽도 쓰지 않을 수 없게 되는 셈이다.

결국 한 번 돈을 지급하면 잇달아 계속 지급하게 되어버린다. 이솝우화「북풍과 태양」에 비긴다면 북풍과 같은 과금 방법이라 할 수 있다.

사람들은 매몰 비용에 돈을 치른다

한편 〈퍼즐&드래건스〉나 〈앵그리버드〉의 경우는「북풍과 태양」의 태양처럼 돈을 받는 방식이다.

알기 쉬운 〈앵그리버드〉를 예로 들면 〈앵그리버드〉는 판을 깨며 다음 단계로 나아가는 유형의 게임이다. 게임 처음 무렵에 나오는 판은 비교적 간단해서 쉽게 깰 수 있지만 다섯 판에 한 번 정도는 조금 어렵게 느낄 만한 판이 나온다. 그때까지 순조롭게 진행해왔으니 깰 수 없는 판이 있으면 분할 것이다. 이때 약간의 돈을 내면 그동안 해온 부분에서 시작해 게임을 계속할 수 있다. 또는 강한 능력을 가진 새를 사면 어려운 판도 깰 수 있다. 물론 돈을 내지 않아도 시간을 들여 능숙해지면 판을 깨고 다음으로 진행할 수 있겠지만 조금만 더 돈을 내면 지금 바로 뛰어넘을 수 있다는 유형의 게임이다. 이것이 매몰 비용(sunk cost)이다. 회수할 수 없는 비용을 말하는데 이 경우에는 게임을 진행하기 위해 이제까지 사용한 시간, 돌이킬 수 없는 시간이다.

예를 들어 한 여성과 사이좋게 지내고 있었지만 어느 날 다툼이 일어났다고 하자. 본질적으로는 손해를 감수하고 다음 사람에게 옮기는 쪽이 투자의 관점에서 유효하겠지만 지금까지 상대에게 들인 시간을 생각하면 결단이 서지 않는

소셜 게임에서의 매몰 비용

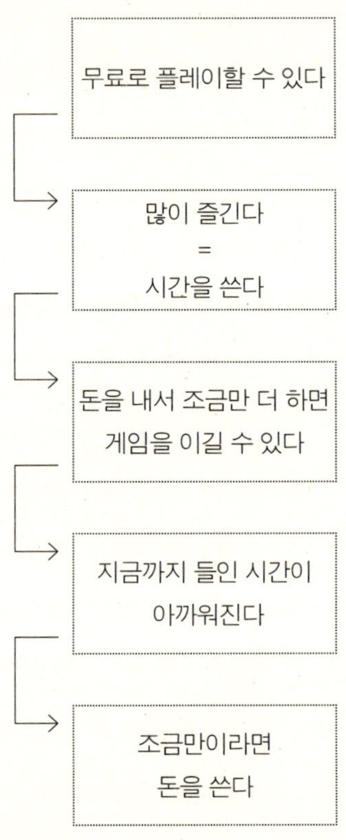

다. 이것도 매몰 비용이다.

스마트폰으로 여유 시간에 빈둥빈둥 게임을 할 수 있다면 그 빈둥거린 시간도 매몰 비용으로 간주된다. 빈둥빈둥 사용한 시간이 자못 귀중하게 여겨진다. 여기에서 게임이 끝나버리면 지금까지 게임에 사용한 시간이 보람 없어지고 만다. 따라서 돈을 내게 되는 것이다.

이런 방식이 〈괴도 로열〉의 북풍적 스타일과 결정적으로 다른 점은 북풍형 게임은 머지않아 손님이 떨어져나가버리지만 태양형 게임 쪽은 떨어져나가지 않는다는 데 있다. 〈퍼즐&드래건스〉는 계속률(달을 넘겨 계속 이용하는 유저의 비율)이 8할 이상이나 된다. 그만큼 오랫동안 게임을 즐기는 유저가 많다는 것이다.

과금률을 비교해봐도 북풍형 게임은 일반적으로 2할 이하여서 1할을 내주면 상급이라고 한다. 그 1할 중에 다시 10분의 1의 사람이 만 단위의 돈을 투입해야만 이익을 볼 수 있다.

대조적으로 태양형 게임인 〈퍼즐&드래건스〉의 과금률은 3할을 넘어 북풍형 게임보다 높다. 다만 북풍형 게임처럼 돈을 한 번 지급하면 지속적으로 지급하는 성격은 아니다. 무료로 놀려고 하면 쭉 놀 수 있지만 어떤 때 "오늘은 급하니까 이번만 돈을 쓰자"라며 내는 사람이 있다. 1년간 줄곧 무료로 놀지도 모르지만 어느 날 갑자기 300엔을 내줄 수도 있는 비즈니스이다. 북풍형과 비교하면 더 건전한 방식이라고 할 수 있다.

북풍형 게임이 그리 좋지 않은 방식인 것은 어린이들이 게임에 대금을 쏟아넣어 사회문제화된 것뿐만이 아니라 어느 정도 시간이 지나면 손님이 떨어져나가버린다는 데 있다. 이것은 장사 방식으로는 그다지 능숙하지 않다.

최근에는 〈퍼즐&드래건스〉가 성공한 예가 있어 각 소셜 게임 회사들이 북풍형 게임에서 점차 건전한 형태로 진화를 꾀하고 있다. 또한 불과 몇 년에 4천 억 엔을 넘는 시장 규모로 성장한 소셜 게임 업계에도 업계 단체인 소셜 게임 협회가 생겨 일정한 지침이 생기는 등 시장 환경이 급속히 정비되었다.

소셜 게임뿐 아니라 IT 비즈니스는 엄청난 진화 속도 탓에 일시적으로 과잉 방식이 나올 때가 있다. 제품과 서비스가 인터넷에 연결되어 유저로부터 피드백을 바로 받을 수 있어 단기적 수익에 최적화가 도모되는 일이 있기 때문이다. 그러나 마찬가지로 손님이 떨어져나가버리면 재빨리 깨달을 수도 있다. 빠른 피드백과 개선 주기를 활용해 지속 가능한 비즈니스로 진화시켜 발전될 수 있는 것도 IT와 인터넷이 가진 원리이다.

제2장

네트가 세계를 세분화한다

매칭 비즈니스의 새로운 형태

인터넷은 전 세계 여기저기에 흩어진 것을 거리와 시간을 초월해 하나로 모을 수 있는 점이 가장 큰 특징이며 IT 비즈니스란 그것들을 연결하는 매칭 비즈니스라는 이야기를 지금까지 했다. 그리고 이 특징을 활용한 새로운 비즈니스도 시작되었다.

그중 하나가 크라우드소싱(crowdsourcing)이다. 크라우드소싱이란 일을 불특정 다수에게 위탁하는 비즈니스 형태이다. 예를 들면 명함 데이터 입력이라는 일을 한 사람이나 소인원의 오퍼레이터에게 맡기지 않고 몇 십 명, 몇 백 명에게 맡기는 것이다. 이 일을 맡아줄 불특정 다수의 사람을 한 곳에 모으는 일이 인터넷에서는 가능하다. 이 스타일은 불특정 다수의 사람에게 일을 분배하므로 1인당 담당할 업무가 작게 분할되어 작업량이 줄어든다. 작업량이 줄었으므로 동시에 시간도 분할된다.

여태까지의 기업과 그 사원이라는 고용 형태에서는 사원이 회사에 모든 시간을 제공해야만 했다. 실제 노동 8시간에 휴게 시간을 더한 구속 시간, 거기다 통근에 걸리는 시간을 더하면 세상의 샐러리맨들은 하루의 절반 이상의 시간을 회사에 제공하게 된다.

그런데 크라우드소싱으로 일과 시간을 잘게 자름으로써 회사에 제공하는 시간 단위도 작아질 수 있다. 예를 들어 육아중인 주부는 아이가 자는 1시간만 일을 할 수 있는 셈이다. 아이가 낮잠을 자는 1시간, 또는 부모를 간호하다 시간이 비는 밤중 2시간은 지금까지는 기업에 노동 시간으로 팔 수 없는 시간, 자투리라 버릴 수밖에 없는 시간이었다. 그러나 크라우드소싱에서는 그것을 팔 수 있다.

만약 심야의 2시간이라도 24시간 체제의 콜센터라면 회사 업무 자체가 돌아가는 시간이므로 당연히 일손이 필요하다. 또한 서류를 입력하는 작업 같은 것이라면 회사의 업무 시간과는 관계없이 할 수 있다. 게다가 심야에 2시간 콜센터에서 고객을 대응하는 업무는 인터넷만 연결된다면 출근할 필요도 없다. 통근 시간, 통근 경비도 들지 않는다.

즉 지금까지는 상품으로서의 단위로 부족해서 팔지 못했던 것이 일을 잘게 자름으로써 팔리는 것, 가치 있는 것이 될 수 있다. 잘게 자른 일의 하나하나는 0.1, 0.01이라도 그 것을 많이 모으면 100의 힘, 1,000의 힘으로 만들 수 있다. 우메다 모치오(梅田望夫) 씨는 이것을 '제로×무한대'라고 표현했는데 그런 힘이 인터넷에는 있다.

평가 단계를 세밀하게 한다

이 크라우드소싱에 의문을 느끼는 사람도 있는 듯하다. 흔히 지적되는 것은 결국 노동력을 싸게 후려쳐서 사는 것이 아닌가 하는 점이다. 현재 상태에서는 노동의 단가가 싼 것이 확실하다. 다만 그것은 원래 사용되지 않아 팔릴 일이 없었던 시간이다. 이전에는 돈으로 바꾸는 것이 불가능했던 시간을 이 크라우드소싱에 의해 돈으로 바꿀 수 있게 되었다. 그러므로 적어도 나쁜 일은 아니다. 또한 이것을 계기로 삼아 자신의 가치를 높일 수도 있다.

지금까지는 사원으로 기업에 취업해 모든 시간을 회사에 제공하지 않으면 평가받지 못했다. 육아중인 주부는 그렇게 할 수 없으므로 자신의 부가가치를 높일 수단이 없었다. 그런데 아이가 낮잠을 자는 한두 시간을 사용해 회의록을 타자하는 업무를 해서 "이 사람은 아주 좋은 회의록을 작성해주는군"이라고 평가받는다. 그러면 이 사람에게는 단순한 타자가 아니라 더 편집적인 업무를 해달라는 이야기도 나올 것이다. 능력이 평가되고 업무의 단가도 올라갈 것이다. 처음에는 100엔이었을지 몰라도 그것이 110엔으로, 120엔으로 올라간다.

경제학에서는 수요곡선과 공급곡선의 균형에서 가격이 결정되지만 곡선이라고 말은 해도 실제로는 그렇게 매끄러운 것이 아니다. 어느 정도 양이 모이지 않으면 변화가 일어나지 않으므로 곡선이라기보다는 계단 모양이 된다. 계단 모양이면 양이 바뀌어도 균형점의 가격이 바뀌지 않는 현상이 일어난다. 결국 이 거친 계단 부분에서는 표면화되지 않는 잉여가 생겨난다.

여기에서 말하는 계단을 더 이미지화하기 위해 다른 비

유를 들자면 샐러리맨의 승진과 급료의 관계를 떠올리면 좋을지도 모르겠다. 신입 사원으로 입사해서부터 당분간은 급료가 오르지 않다가 몇 년이 지나 계장이 될 때 왕창 오른다. 그뒤는 또 보합 상태가 이어지다가 과장이 되면 왕창 오른다. 그런 계단이다. 그러나 실제로는 계장에서 과장이 되기까지 몇 년 동안 업무의 질이 바뀌지 않는 것은 아니다. 그동안 착실히 질은 올라가지만 그것이 급료라는 형태로 평가에 반영되지 않는다.

그런 잉여를 해소해 평가를 가격에 반영하기 위해서는 되도록 계단의 단 차이를 작게 해서 매끄러운 곡선에 가깝게 하는 편이 좋다. 크라우드소싱은 100엔을 110엔으로, 110엔을 120엔으로 해서 매끄러운 곡선을 만들기 쉬운 구조이다.

단, 원리적으로 가능한 것과 실제 운영에서 실현할 수 있는가는 또다른 문제이다. 자연히 그렇게 되는 것은 아니고 운영하는 쪽이 의도적으로 매끄러운 곡선을 만들려 하는, 즉 노동을 올바르게 평가해 보수에 반영하려 해야만 할 수 있는 일이다. 적어도 크라우드워크스(CrowdWorks) 같은 크라우드소싱 운영 회사는 실현을 향해 노력하고 있다. 클라이언트에게 평가를 받는 일을 해서 계단을 올라가는 사람, 생활 속에서 비는 얼마 안 되는 시간을 돈으로 바꾸는 사람 등 일하는 방식의 선택지를 늘려나가고 있다.

거리를 초월한 매칭

공간적·시간적 제약에의 자유라는 인터넷의 특성은 다른 장점도 만들어낸다. 예를 들어 매우 우수한 통역이 있는데 그 사람이 도쿄를 거점으로 일한다면 동시통역이 필요한 국제회의가 연 몇 회밖에 없을지도 모른다. 그런데 범위를 전세계로 넓히면 한 달에 몇 번도 있을 수 있다. 우수한 사람일수록 기회도 늘어난다.

또한 노동력 단위라는 면에서의 이점도 있다. 지역 차가 인터넷에서는 문제되지 않는다. '레어잡(レアジョブ,

www.rarejob.com)'이라는 영어 회화 서비스가 있다. 스카이프(Skype)로 필리핀 대학생이나 졸업생과 회화를 하면서 영어 회화를 공부하는데, 들어가는 비용은 매일 25분 회화에 월 6천 엔(약 55,500원) 정도이다. 일본인의 입장에서는 대단히 저렴한 비용이다. 일본에서 영어 회화 학원에 다니려면 수업 1교시에 이 정도가 들지도 모른다. 수강료가 싸면 강사의 보수도 싸서 서비스 수준이 신통치 않은 것은 아닌가 하고 불안하게 여길 수도 있다. 그러나 강사의 급료는 필리핀에서 일반적인 회사 정사원보다 높은 수준이라 한다. 그러니까 필리핀 대학생이라는 엘리트를 고용할 수 있지만 일본과 필리핀의 화폐 가치, 물가의 차이가 장점이 되는 것이다.

영어 회화 강사만이 아니라 데이터 입력 같은 비교적 단순한 작업에서도 이런 경제적 지역 차를 이용하면 기업 측은 비용을 대폭 낮출 수 있다. 게다가 단순히 비용을 낮추는 것만이 아니라 이 점을 작업 신뢰성 담보에 이용할 수도 있다.

작업의 신뢰성을 어떻게 담보하는가는 크라우드소싱에

대한 또하나의 의문으로 제기되는 문제이다. 얼굴도 보지 못한 사람, 어디의 누구인지도 모르는 사람에게 맡겨도 정말 괜찮은가, 제대로 일을 해줄까 하는 점이다.

명함 데이터 입력 업무로 생각해보자. 확실히 한 사람 한 사람의 일에 대한 신뢰성은 그리 높다고 할 수 없다. 그러나 단가가 10분의 1이라면 같은 데이터 입력을 동시에 두 사람에게 맡겨도 좋을 것이다. 2인분의 보수를 지급해도 원래의 5분의 1로 해결되는 셈이므로 비용적으로는 전혀 문제가 없다.

그리고 작업이 끝났을 때 2인의 입력 결과를 대조한다. 만약 양자가 완전히 일치한다면 올바로 입력된 것으로 간주한다. 신뢰해도 좋다고 생각할 수 있다. 반대로 일치하지 않는다면 적어도 어느 쪽이(어쩌면 양쪽이) 잘못한 것이므로 제삼자가 재검토한 뒤 입력 작업을 했던 두 사람에게 다시 고쳐달라고 대응하면 된다.

더 말해보자면 명함 데이터란 개인의 주소와 성명 등의 개인 정보이다. 개인 정보는 취급하기 매우 까다롭고, 그야 말로 얼굴을 본 적도 없는 사람에게 맡기기에는 불안하다.

그러나 크라우드소싱에서는 이 문제도 실로 간단히 해결할 수 있다. 명함 데이터를 나누어버리면 된다. 주소 전반 부분, 도도후켄(都道府県)과 시초손(市町村) 이름만을 입력하는 사람, 거기에 이어지는 후반 부분만 입력하는 사람, 성명의 성만 입력하는 사람, 이름만 입력하는 사람으로 나누는 것이다.

'도쿄 도 지요다 구' '간다 진보초' '1-2-3' '야마다' '타로'라는 문자열은 주소나 성명 일부라는 것은 쉽게 추측할 수 있어도 개인 정보가 되지는 않는다. 개인 정보로 성립되지 않기 때문에 애초에 개인 정보 유출이 일어날 리도 없다. 데이터 분할이나 재결합에 비용이 들어가지만 입력 자체에 드는 비용이 저렴하기 때문에 그것도 흡수할 수 있다. 이렇게 크라우드소싱의 장점과 가능성을 이해할 수 있으리라 생각한다.

이 크라우드소싱에서 궁극의 형태라 할 수 있는 것이 네트 인쇄 통판 회사 라쿠스루(ラクスル, raksul.com)가 제공하는 서비스이다. 일본 전국의 인쇄소와 제휴해 각 인쇄소의 인쇄기가 비는 시간을 이용해 통상보다 싸게 인쇄할 수 있는 것이다. 라쿠스루가 손님에게서 일을 수주하면 제휴하는 인쇄소 가운데 인쇄기 빈자리가 있는 곳을 찾아 거기에서 인쇄해 받는 것이 기본적인 구조이다. 그런데 이 방식으로 어떻게 통상의 인쇄보다 싸게 할 수 있을까?

인쇄업이란 고정비용이 높은 비즈니스이다. 매우 고가의 인쇄기를 사서 돌리는데 사실 2시간을 가동하든 24시간을 가동하든 잉크값을 제외하면 그다지 비용이 달라지지 않는다. 결국 사용하지 않는 시간에 가동해도 새로운 비용이 들어가지 않는다. 따라서 빈 시간에 한정해 사용하면 평상시보다 싼 가격을 받아도 괜찮은 것이다.

라쿠스루에 따르면 일본에 있는 인쇄기 가동률은 45퍼센트 정도라고 한다. 이 움직이지 않는 반수 이상의 부분을 싸게 빌리면 염가로 인쇄를 실현할 수 있다. 물론 '빈 시간에 한정해' 싸게 해주는 것이므로 인쇄소가 언제든지 맡아줄 리는 없다. 당연하지만 인쇄기가 비어 있어야만 한다. 결국 '오늘은 한나절이 비지만 꼬박 하루가 걸리는 일은 할 수 없다'는 식이 된다. 그 일에 적합한 인쇄기에 빈자리가 있는 인쇄소가 있어야만 한다. 따라서 어느 인쇄소가 언제 비는지 알아야 가능한 시스템이다.

그런데 지금까지는 일본 각지 인쇄소의 빈자리 수용력, 어디의 인쇄소가 언제 비는가 따위를 알 수 없으니 유효하게 이용하려 해도 할 수 없었다. 그러나 인터넷에 의해 홋카이도 쪽의 인쇄소가 오늘 오후에 빈다든가 오키나와 쪽이 내일이면 빈다든가 하는 정보를 즉시 알 수 있게 되었다. 여기저기 흩어진 것을 연결할 수 있게 된 것이다. 그리고 인쇄작업과 그 작업이 가능한 인쇄소를 올바로 매칭함으로써 저렴한 인쇄가 가능해졌다.

앞서 "오늘은 한나절이 비지만 꼬박 하루 걸리는 일은 할 수 없다"라고 썼지만 실은 이런 장애물조차 넘을 수 있는 것이 이 시스템의 뛰어난 점이다. 즉 한 인쇄소에서 하면 꼬박 하루가 걸리는 일이라도 여러 개의 인쇄소로 나누면 한 나절 만에 인쇄를 마칠 수도 있다.

라쿠스루의 시스템이라면 한 인쇄소에서 전부 찍을 필요가 없다. 자기네 쪽은 절반이 가능하다, 이쪽은 2할이라면 찍을 수 있다고 몇 개의 인쇄소로 나누어 인쇄하면 된다. 원고 데이터는 인터넷으로 보내므로 1개소에 보내든 10개소에 보내든 같아서 관계없고 완성된 인쇄물도 택배 편으로 받으면 된다. 일본은 택배 시스템도 매우 발달해서 홋카이도에서든 오키나와에서든 다다음 날에는 고객의 손에 닿을 것이다.

이처럼 IT나 인터넷은 일을 잘게 자름으로써 가치를 만들어내는 것만이 아니라 그 조각을 모아 새로운 가치를 만들어 내 평소 사용되지 않는 부분도 유효하게 활용할 수 있다. 또한 인쇄소는 인쇄기의 빈자리 수용력을 매칭하기 때문에 유저에게 싼값에 제공할 수 있어 쌍방이 행복한 세계가 가능하다.

분해되는 태스크, 분해되는 가치

크라우드소싱으로 가능해진 것은 표현을 달리하면 곧 업무의 세분화이다. 가정주부가 비는 한두 시간에 할 수 있는 양으로 일을 세분화한다, 개인 정보 유출 대책을 위해 개인 정보 자체를 세분화한다(그리고 개인 정보의 본체를 없앤다). 라쿠스루에서는 1만 부 인쇄를 1천 부, 500부 단위로 나눈다.

인터넷의 특징 중 하나는 태스크의 세분화가 일어나기 쉽다는 점이다. 지금까지 전체를 통틀어 해야만 했던 것이 프로세스 단위로 분해된다.

이런 현상을 레이어 언번들(layer unbundle)이나 밸류 언번들(value unbundle)이라고 하는데 상징적인 예가 니코니코 동화(ニコニコ動画)[1]이고 가상 아이돌 '하쓰네 미쿠(初音ミク)'이다. 하쓰네 미쿠는 원래 오리지널 곡을 합성해 여자아이 캐릭터에게 노래를 시킬 수 있는 소프트웨어인데 많은 유저가 이 소프트웨어로 만든 하쓰네 미쿠 작품을 네트 등에 공개했다. 그런 곡이 10만 곡 이상이라고 한다.

여기에는 우선 하쓰네 미쿠라는 캐릭터를 만든 사람이 있다. 지금까지는 그 캐릭터가 무엇을 하는가, 캐릭터에 무엇을 시키는가는 캐릭터 자체의 고안자, 작성자가 생각했다.

그러나 하쓰네 미쿠의 경우는 하쓰네 미쿠에게 시킬 노래를 만드는 이는 하쓰네 미쿠의 고안자와는 전혀 다른 사람이다. 여기에서 '캐릭터를 만든다'는 프로세스와 '캐릭터가 부르는 노래를 만든다'는 프로세스가 나누어진다.

'노래를 만드는' 프로세스가 독립하면 많은 사람이 참가할 수 있다. 캐릭터 디자인은 못해도 노래 가사는 쓸 수 있다는 사람도 참가한다. 작사하는 재능만 있으면 누구라도 하쓰네 미쿠에게 노래를 시키는 것이 가능하다. 노래를 부르게 했으면 춤추게 하고 싶어질 테니 거기에 '미쿠미쿠댄스(MikuMikuDance)'라는 소프트웨어가 등장했다. 3D 애니메이션을 만드는 이 소프트웨어를 사용하면 춤을 잘 추는 사람의 움직임을 추적해 애니메이션화하는 작업도 비교적 간단히 할 수 있다. 여기에서 안무한다, 캐릭터가 추는 춤의 모델이 된다는 프로세스가 독립한다.

그러면 이번에는 그 노래와 춤을 이용해 프로모션 비디

오를 만들자고 말을 꺼내는 사람이 나타난다. 비디오를 구성하려면 통상은 콘티 그리기로 시작하겠지만 어떤 사람은 그림을 못 그려 글로만 된 것을 올린다. 그것을 본 다른 참가자가 "내가 멋진 애니메이션으로 구현해보겠다"라고 하며 애니메이션으로 만든다. 하쓰네 미쿠를 둘러싼 사람들이 잇달아 '자기가 할 수 있는 것'에 공헌하기 시작한다.

지금까지는 스튜디오 지브리 같은 공방이 전부 일관적으로 행했던(물론 공방 내부에서 역할 분담은 있었겠지만) 것이라도 어딘가 하나의 프로세스, 부분에만 참가해도 작품에 공헌할 수 있게 되었다. 즉 하나의 업무를 레이어(layer, 층, 계층)로 언번들(unbundle, 세분화)한다. 언번들에 의해 동시에 가치(value, 밸류)도 세분화한다. 가사를 쓰는 가치, 애니메이션화하는 가치 등 각각의 프로세스마다 가치가 생겨난다. 이것이 밸류 언번들이다.

다만 하쓰네 미쿠의 경우, 비즈니스로서의 관점에서는 어려운 점도 있다. 밸류 언번들을 하면 할수록 누가 어떤 가치에 공헌했는가 하는 공헌도를 가시화하기 어려워진다. 모두가 지력을 결집해 만들어낸 작품 가운데 구성을 쓴 사람의 공헌도는 어느 정도의 비율인지, 그림 콘티의 가치는 어느 정도인지를 알기 어렵다. 그래서 니코니코 동화에서도 이익 배분 조정이 가능한 시스템을 만들기 시작했다고 한다.

'레이어 언번들'에 의한 네덜란드 농업 혁명

레이어 언번들의 예로 재미있는 것이 네덜란드의 농업 혁명이다. 농업을 요소별로 나누면 온도 관리나 태양광 관리, 영양 관리 등으로 세분화할 수 있다. 그리고 좋은 농작물을 만들기 위해서는 각각의 요소를 최적화하는 작업이 필요하다. 씨를 뿌리고 나서 발아까지 온도, 햇빛과 비료의 양 그리고 발아하면 며칠간 온도는 몇 도로 한다는 정보를 알아야 한다. 각각의 요소에서 가장 좋은 조건을 찾는 것이 최적화이다.

무엇에 관한 일이든 최적화하려면 정확한 측정이 필요

하다. 지금 태양광 상태는 어떻다든가 이산화탄소는 어떻다든가 하는 것을 측정하는 기술이다. 다시 말해 같은 이산화탄소 농도라도 잎 끝의 농도와 뿌리의 농도는 어떻게 되는지 각각 숫자를 측정해야 한다. 말하자면 입력이다.

이것을 알았다면 이번에는 어떤 타이밍에 어떤 농도라는 수치를 실현하는 출력의 기술도 필요하다. 입력과 출력 그리고 그 둘을 연결하는 최적화 알고리즘이라는 세 가지가 중요하다.

지금까지는 농민 한 사람이 '흙의 감촉은 이런 느낌이다' 같은 방식으로 시행착오를 겪으면서 찾아냈지만 이렇게 하려면 조건 하나를 시험하는 데 1년이 걸린다. 20세부터 시작했다면 50세가 될 때까지 30회밖에 할 수 없다. 비효율적이기 짝이 없다. 어쩌면 최적의 조건을 찾기 전에 은퇴해야 할지도 모른다.

그러면 이웃과 노하우를 교환해서 효율을 높이려 해도 '감촉은 이런 느낌'의 '이런 느낌'이 무엇인지 공유하기 어렵다. 공유하기 위해서는 숫자를 사용하는 것이 바람직하다. 온도, 태양광, 영양 등을 세분화한 요소 각각이 수치화

되면 객관적인 비교가 가능해진다.

이것이 가능하면 자신은 빛을 A라는 수치로 해보고 당신은 B라는 수치로 하라고 말해 그 결과를 대조할 수 있다. A 패턴의 토마토는 당도 6이고 B 패턴은 6.5였다. 그렇다면 빛에 관해서는 A보다 B 쪽이 좋을 것 같다는 것을 알게 된다.

이 작업을 자신과 이웃, 이 두 사람만이 아니라 네덜란드 안의 농민이 모두 일제히 해서 1천 명, 1만 명 규모가 참여한 데이터를 얻으면, 예를 들어 토마토의 당도에 관해서는 발아에서 7일째 이산화탄소 농도가 중요하다는 등의 정보를 알게 된다.

서로 떨어진 곳에 여기저기 흩어진 정보를 모으는 것이 인터넷의 장점임을 몇 번이나 말했듯이 이것도 그 한 예이다.

네덜란드는 나라 전체가 농업 분야에서 최적화에 몰두했다. 입력, 출력 기술을 포함한 온갖 요소를 분해했다. 누구는 이산화탄소 측정 센서에 몰두한다, 그럼 누구는 태양광 조절 시스템을 만든다는 식으로 농업이라는 산업을 철저하게 언번들해 각각의 요소를 최적화했다.

그에 따라 하나하나의 요소를 고쳐 바꾸어가면서 연속

적 진화(이것을 도요타적 개선 진화라고도 하지만)를 일어나기 쉽게 했고, 그 결과 매우 효율이 높은 조건을 최적화할 수 있어 양질의 농작물을 안정적으로 만들 수 있게 되었다.

또한 레이어 언번들과는 다른 이야기이지만 최적화를 위한 또하나의 방법으로 확률론적인 접근이 있다. 무작위 조건으로 100개를 만들어보면 그중 한두 개는 대단히 좋은 것이 만들어진다. 그래서 좋은 것의 요소만을 모아 만들어간다면 반드시 좋은 것이 이루어진다는 사고방식이다.

앞서 들었던 예처럼 요소 하나하나의 매개 변수를 바꾸면서 시행착오를 거쳐나가는 방식에서는 현실에 어떤 요소가 가장 효과 있는지를 알기 어려운 불만이 있다. 빛인지 온도인지 영양인지 모른다. 뜻밖에도 효율이 낮은 방식이다. 그래서 이론적으로 생각하기보다 어쨌든 단번에 많이 만들어 그 가운데 좋은 것을 모으는 편이 빠르다는 것이 현실에서 흔히 있는 일이다.

이것은 농업에 한해서가 아니라 현실 세계의 갖가지 장면에서 찾아볼 수 있는 방법이다. 미국에서는 어떤 교육 방식이 가장 좋은가를 이 확률론적 접근으로 최적화하기도 한다.

미국 전체에서 200개 정도의 실험 학교를 정해 여러 가지 방법으로 교육한다. 그 가운데 결과가 나온 학교의 공통점을 조사해 무엇이 좋았는지 알게 되면 이것을 모두에게 시켜보자고 하는 방식이다.

이 방법에서도 인터넷은 대단히 유효해 네덜란드 안의 농가에서 받은 방대한 데이터를 바로 한곳에 모아 분석할 수 있다. 이를 통해 아무래도 이것이 성공 요인 같다고 알게 되면 그것을 다시 네덜란드 안에 퍼뜨려 최적화하는 주기가 돌아간다. 이것도 IT만의 흥미로운 점이다.

제3장

네트워크와 커뮤니케이션

정보의 진화 (1) − 플로와 스톡

인포메이션과 커뮤니케이션

IT라는 말은 새삼스레 말할 필요도 없이 인포메이션 테크놀로지(Information Technology)의 약어이다. 최근에는 ICT, 즉 인포메이션 앤드 커뮤니케이션 테크놀로지(Information and Communication Technology)라는 표현도 곧잘 사용한다. 인포메이션만이 아니라 커뮤니케이션을 위한 테크놀로지, 툴(tool)이기도 하다는 뜻일 것이다.

인포메이션과 커뮤니케이션을 명확하게 정의하기는 어렵다. 커뮤니케이션이면서 동시에 인포메이션인 경우가 있는가 하면 어느 쪽도 아닐 수도 있다.

나는 수신자에게 이익을 가져오는 데이터를 인포메이션이라고 정의한다. 단방향이든 쌍방향이든 그 정보의 수신자에게 가치가 있으면 인포메이션으로 본다. 반면 커뮤니케이션은 데이터가 수신자에게 가치를 갖지 않아도 된다. 달리 표현하면 송신자와 수신자가 상호 교대할 수 있는 쌍방향이기만 하면 교환한 데이터에 특별한 가치가 없어도 커뮤니케이션이라는 것이다.

커뮤니케이션 테크놀로지는 네트에 국한되지 않는다. 세상에는 옛날부터 갖가지 형태의 커뮤니케이션 툴이 존재했다. 전화나 우편은 물론이고 벽신문이나 회람판, 교환 일기 등이 모두 커뮤니케이션 테크놀로지이다. 여기에 PC나 휴대전화, 스마트폰에 의한 디지털 데이터의 교환이 더해져 현재는 이것이 IT 또는 ICT로 이미지화되었다.

PC 통신 시대의 주류는 게시판

지금은 PC나 휴대전화로 언제나 인터넷에 접속할 수 있지만 이런 환경이 된 지는 그리 오래되지 않았다. 일반 기업이나 가정에 있는 컴퓨터로 인터넷에 접속할 수 있게 된 것이 고작 20여 년 전의 일이다.

1980년대 후반에 시작된 'PC 통신'은 인터넷과는 달리 하나의 호스트 컴퓨터에 각 유저의 단말기들이 매달린 것처럼 접속하는 방식의 네트워크였다. 호스트 컴퓨터에 접속하는 권리를 가진 사람(회원)만이 참가할 수 있는 닫힌 네트워크였다. 하지만 PC 통신에 의해 컴퓨터는 전화나 우편과 마찬가지로 통신할 수 있는 커뮤니케이션 툴이 되었다. 그때까지 컴퓨터는 워드프로세서나 스프레드시트를 이용해 문서를 작성하거나 게임을 하며 노는 물건이었다.

PC 통신으로는 텍스트 데이터를 보낼 수 있었다. 메일이나 채팅 서비스도 마련되어 있었지만 주된 용도는 게시판이었다. 당시에는 전화 회선을 이용해 호스트 컴퓨터에 다이얼 접속하는 방식이었으므로 네트에 접속하면 접속 시간만큼 전화 요금이 부과됐다. 때문에 읽을 때만 접속하면 되는 게시판이 이용하기에 가장 안성맞춤인 기능이었다. PC 통신 게시판 정보는 기본적으로 일차원적이어서 오래된 것에서 새로운 것으로 흘러가는, 플로(flow) 정보였다. 흘러온 정보는 게시판에 시계열로 쌓이지만 거기에서 원하는 정보를 찾으려면 매우 큰일이었다. 구글 검색 같은 검색 수단이 없었다.

그래서 우선 흘러온 것을 작게 나누어 묶으면 조금은

알기 쉬워진다고 해서 스레드(thread)가 만들어진다. 이것으로 어느 정도는 읽기 쉬워졌지만 기술적으로도 한계는 여전히 있었다.

게다가 기록 매체도 아직 상당히 고가의 물건이어서 저장해둔 정보를 언제까지나 남겨둘 수 없었다. 오래된 정보를 지우고 새로운 정보를 써넣을 공간을 비워둬야만 한다. 지금도 2채널(2ちゃんねる, www.2ch.net)²은 하나의 스레드 댓글이 1천 개에 달하면 더이상 댓글을 달 수 없고 계속 이야기를 이어나가고 싶으면 따로 하나의 스레드를 만들어야 하는데, 이것도 이 시대의 흔적이라고 한다.

물론 이 시절의 PC 통신에도 스톡(stock) 정보가 없지는 않아서 예를 들어 자주 묻는 질문들(FAQ, Frequently Asked Questions) 같은 것은 준비되어 있었다.

다만 PC 통신 시대는 기본적으로 정보가 점점 흘러가다 이윽고 사라지는 플로 정보였다.

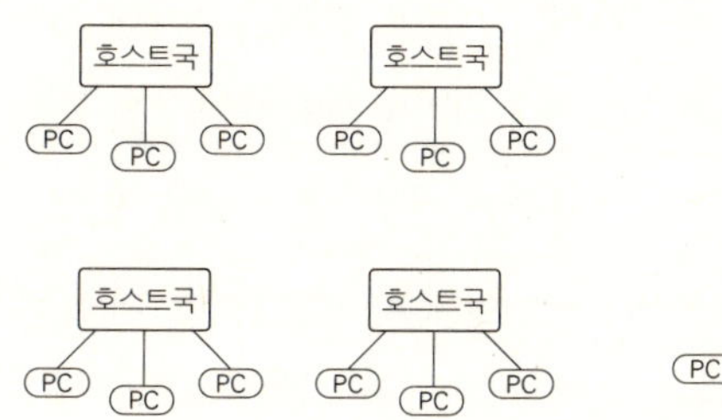

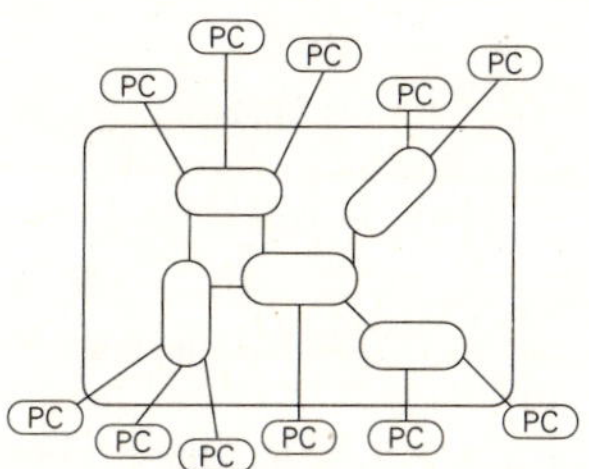

게시판에서 웹 사이트로 – 플로에서 스톡으로

1993년에 들어 인터넷이 일반에도 개방되었다. 이에 따라 네트워크 연결이 PC 통신 회원이라는 한정된 범위에서 월드와이드로 단숨에 넓어졌다. 거의 동시에 웹 브라우저가 개발되어 텍스트만이 아니라 이미지 등도 이용할 수 있는 웹 사이트가 만들어졌다.

우선 인터넷상에서의 정보 유형이 크게 바뀌었다. 웹 사이트의 정보는 그때까지의 게시판 형식과 다르다. 흘러가버리는 플로형 정보가 아닌 스톡형 정보이다. 동시에 인프라가 정비되고 진화도 진행되었다. 하드디스크의 가격이 점차 저렴해지면서 네트에 올리는 정보량을 더이상 신경쓰지 않게 되었다. 또한 통신 속도가 빨라져 네트 접속 요금에 정액제가 도입되어 네트를 이용하는 시간도 늘어나고, 읽을 수 있는 정보량도 많아졌다.

무엇보다 하이퍼링크를 발명하면서 사이트에서 사이트로 자유롭게 즉시 이동할 수 있게 되었다. 다양한 정보를 간단히 읽을 수 있게 된 것이다. 접할 수 있는 정보량이 비약적으로 증대했다.

웹 페이지에 올리는 정보의 대부분은 인포메이션, 즉 단방향으로 가져오는 정보였다. 이는 웹 페이지가 원래 인포메이션에 적합한 포맷이었다는 것 외에 통신 환경이라는 인프라도 관계있다.

당시는 아직 회선이 확장되지 않아서 통신 속도가 내리기 우선으로 설정되어 있었다. 즉 유저 쪽에서 보면 상대편에서 데이터를 보내는 내리기 속도는 그럭저럭 빨라도, 유저 자신이 데이터를 보내는 올리기 속도가 무척 느렸다. 이런 방식 자체는 매우 합리적이었다. 유저가 보내는 올리기 정보는 페이지를 이동하거나 다시 읽어내는 등의 명령이 중심이었다. 명령의 데이터양이 매우 작아서 속도가 느려도 문제가 없었다.

그러나 어느 정도 정리된 데이터를 올리려면 상당한 시간이 걸렸다. 이런저런 이유로 유저 쪽에서의 정보 발신은 그다지 진행되지 않았다.

이로부터 시대가 지난 다음의 이야기이지만 '웹 2.0'이라는 말이 한때 화제가 된 적이 있다. 쌍방향으로 정보를 교환하는 새로운 단계에 들어왔다는 것인데, 정보의 쌍방향성은 원래 인터넷의 특성이지 특별히 웹 2.0으로 가능해진 것은 아니다. 다만 애초에는 인프라가 빈약했기 때문에 일부를 제한했다. 이즈음의 정보가 인포메이션에 치우쳤던 데는 그런 사정도 있었다.

이야기를 돌려보자. 웹 페이지 발명은 확실히 혁명이었다. 그러나 커뮤니케이션 측면에서는 블로그의 등장이 혁명적이었다. 블로그는 웹 페이지를 누구라도 간단히 만들 수 있게 한 것으로, 그 독자적 기능에 따라 그때까지의 웹 페이지에는 없었던 현상이 일어났다.

독자적 기능이란 트랙백(tracknack)과 코멘트(comment)이다. 트랙백으로 인용되면 그 기사에 가치가 있음이 표명된 것이다. 코멘트는 말할 것도 없이 더욱 직접적인 반응이 드러나는 커뮤니케이션이다. 웹 페이지 다수가 일방적인 정보 발신, 인포메이션 수단이었던 데 비해 블로그는 커뮤니케이션 툴로도 기능했다.

블로그 이전의 웹 페이지에서도 독자로부터의 반응이 없지는 않았다. "아주 재미있었다"라든가 "저것은 잘못되었습니다"라는 연락을 주는 사람도 있지만 그 수가 많지는 않았다. 반응하는 것 자체가 매우 장벽이 높았기 때문이다.

사이트 어딘가에 쓰여 있는 메일 주소를 찾아(그리고 많은 경우 스팸 메일 대책 때문에 일부 문자열이 다른 문자로 바뀌어 있어 바꾸어놓은 문자를 원래대로 되돌리거나 해서) 메일 소프트웨어를 사용해 메일을 송신하는 순서를 밟아야만 한다. 메일은 이쪽의 주소도 상대방에게 드러난다. 즉 송신 비용이 비정상적으로 많이 들었다.

하지만 블로그에서는 트랙백이든 코멘트든 매우 간단

한 방법으로 손쉽게 의견을 밝힐 수 있다. 해당 의견에 대한 응답을 쓰기도 간단하다. 이렇게 블로그는 커뮤니케이션 툴이 되었다.

불특정 다수로부터의 정보를 스톡한다

블로그와 비슷한 미디어로 CGM(Consumer Generated Media, 소비자 생성 미디어)이 있다. 블로그가 개인의 페이지인 것과 비교해 CGM은 불특정 다수의 유저가 만드는 미디어이다. 미국에서는 UGM(User Generated Media)이라고 한다. 일본에서는 '타베로그' 등을 대표 사례를 들 수 있다.

CGM은 블로그와는 다른 것으로 파악해야 한다. CGM은 블로그의 일종이기는 하지만 블로그보다 최적화된 형태를 가지고 있다. '타베로그'의 사례를 보면, 음식에 관한 글을 쓰면서 가격이라는 기준 등을 넣어 가게에 점수를 매기고 태그도 '데이트용'이라는 단어를 붙이는 등 음식점 소개에 특화되었다. 기본적으로 정보를 발견하기 쉽게 하고자 특정 장르에 특화해 정보 발신의 포맷을 정해놓는 사고방식이다. '타베로그' 같은 미식 안내라든지 여행 사이트 같은 것은 원래 그 분야의 전문가가 정보를 발신하기에 가치가 있었다.

그런데 정보의 발신이 쉬운 블로그의 특성에 따라 발신 비용이 대단히 낮아지면서 CGM 사이트에 방대한 정보가 모이게 되었다. 다양한 정보가 모였지만 정보의 상당수는 일방적인 스톡 정보이므로 CGM이라는 미디어를 커뮤니케이션 툴이라고 하기는 어렵다.

또한 정보가 많이 모이면 과연 좋은가 하는 문제도 있다. 10명의 블로거에 의한 추천과 1만 명의 일반인에 의한 투표 중 과연 어느 쪽이 가치 있는가 하는 점이다. 인터넷 시대 이전에 1만 명의 설문을 모으려면 상당히 큰일이었지만 실제로 이 작업을 해서 순위를 정한 책이 있었다. 그런데 그 결과, 누구나 아는 패밀리 레스토랑 가맹점이 상위를 독점해 전혀 무의미하고 쓸모없는 설문이 되어버렸다고 한다.

생각해보면 당연한 일이다. 많은 사람들이 모이는 것을 목적으로 설문을 실시했고, 실제로 많은 사람들을 모으는 단순한 양적 승부를 하면 승자는 패밀리 레스토랑 가맹점이 될 것이다.

이런 일은 지금 다시 해도 의미가 없으므로 '타베로그'는 설문 결과 그대로 순위를 정하지 않는다. 누가 가치 있는 정보를 발신할 수 있는가를 기준으로 삼아 1만 명을 걸러내 가중치를 둔다. 그렇게 특정인을 걸러내 가중치를 부여하는 알고리즘을 만드는 일이 가능해졌다. '누구나 아는' 것은 그다지 중요하지 않으므로 '타베로그'는 그것을 중요시하지 않는다.

여담이지만 본래는 스톡 콘텐츠인 '타베로그'를 나는 플로 콘텐츠로 사용한다. 내 레스토랑 취향과 맞으면서 나보다 먼저 레스토랑을 방문한 사람을 목록화한다. 그런 사람이 새롭게 소개하는 레스토랑은 꽤 효율이 높고 좋은 레스토랑이며 더구나 정보가 매우 빠르다. 그런 레스토랑을 발견하면 나도 바로 가본다. 그 가게를 방문할 때 나는 '세상 사람이 아직 모르는 좋은 가게에 온 자신'이 되어 상당히 기분이 좋

아진다. 시시한 소리일지 모르지만 방식에 따라서는 '타베로
그'도 하나의 소셜 필터로 이용할 수 있다는 말이다.

인간관계의 강화에서 정보 취득으로 – SNS

이제 드디어 SNS(Social Network Services, 소셜 네트워크 서
비스)의 등장이다. 페이스북이나 트위터(Twitter)로 대표되
는 SNS에는 두 가지 측면이 있다. 하나는 친구 관계를 강화
하기 위한 플랫폼이고, 또하나는 정보 취득 툴이다.

　SNS의 기본은 친구 관계의 강화에서 시작됐다. 하지만
사람의 기호성은 정보 필터의 한 축이므로 결과적으로 정보
취득 미디어로서 측면이 강화된다.

　SNS라는 미디어의 지명도를 일약 높인 것은 마이스페
이스(Myspace)였다. 마이스페이스는 정보 취득적 성격이
강한 서비스였다. 인디 음악가가 자신의 팬을 향해 음악을

발신하면서 시작됐기 때문이다. 음악 취미는 라이프스타일과 밀접하게 이어져 있으므로 곧 라이프스타일이나 가치관을 공유하는 커뮤니티로 성장하고 사회적인 것으로 변화했다. 그것이 마이스페이스이다.

그 마이스페이스를 페이스북이 앞질렀다. 이미 알려진 대로 페이스북은 미국 하버드 대학 내의 커뮤니티에서 시작됐다. 더욱이 실명제로 운영하고 하버드 대학 이름으로 신용 평가까지 갖추면서 회원이 늘어났다. 하버드 대학 엘리트 학생과 친구가 되고 싶은 여대생이 페이스북에 접속했다. 페이스북은 이후 이용 대상의 범위를 하버드 대학에서 다른 대학까지 넓혔다. 다른 대학에 다니는 학생들까지 이용자가 되면 같은 세대가 연결된다. 세대가 연결되면 이번에는 세대를 넘어 졸업생까지도 포함시켰다. 이렇게 계속해서 이용 대상을 넓히는 식으로 페이스북을 확대시켰다. 게다가 페이스북은 API라는 형태로 여러 가지 애플리케이션에서 페이스북에 액세스할 수 있게 하거나 페이스북상에서 게임이 가능하게 했다. 또한 여러 개발자가 페이스북 기반의 프로그램을 만들면서 페이스북의 매력을 높였다. 단순한 커뮤니티가 인간관계의 OS라고도 할 만한 포지션으로 바뀌었다. 그리고 마침내 수확체증의 법칙이 적용되기 시작해 마이스페이스를 앞질렀다.

트위터 역시 자신의 팔로워에게 간단히 정보를 제공할 수 있는 관계성 구축 인프라에 가까웠으나 차츰 정보 취득 쪽으로 무게가 이동했다. 전환의 계기는 리트윗(RT, Retweet)의 발명이다. 사실 처음 리트윗은 트위터에서 제공하는 기능이 아니라 유저가 사용하기 시작한 것이었다. 유저가 타임라인을 보다가 "아, 좋은 말이다" 싶은 트윗(tweet)이 있어 그대로 소개하고 싶은데, 그대로 복사해버리면 예의에 어긋나고, '@'를 붙이면 코멘트를 쓰는 것 같으니 그러면 리(re-)트윗이라는 의미로 'RT'라고 붙이자고 하게 된 것이다.

그런데 이 리트윗에 의해 정보를 전하는 툴로서의 성격이 급격히 커졌다. 친구에게 정보를 전하는 소셜 필터로 사용했다. 어쨌든 팔로잉을 해놓으면 자신이 발신하지 않아도 정보 취득이 가능하므로 수신자가 늘었다. 이것이 트위터 유저가 폭발적으로 늘어난 요인이다.

스스로 트윗하기에 장벽이 높다고 느끼는 사람이라도 리트윗은 부담 없이 할 수 있다. 리트윗을 하지 않아도 가쓰마 가즈요(勝間和代)[3]나 호리에몬(ホリエモン)[4]을 팔로잉 해두면 다양한 정보가 손에 들어온다. 발신한다 해도 좋은 것을 리트윗하기만 한다면 발신 비용이 대단히 낮다. 클릭 한 번으로 리트윗할 수 있다. 리트윗함으로써 그 정보가 재미있다고 승인한다.

트위터는 정보 취득 미디어로서 폭발했다. 트위터는 소셜 필터, 소셜 증폭기 툴로서 성공했다.

SNS라는 미디어는 사회 관계성을 강화하기 위한 대단히 혁명적인 툴이다. 친구들을 잘 관리해도 보통 20명 남짓이지만 SNS는 3천 명이든 1만 명이든 한꺼번에 관리할 수 있다. 이것을 'thin relationship management'라고 한다. 즉 개인의 얇은 관계성을 강화해간다는 것이다.

그러면 어떻게 'thin relationship management'가 이루어지는가? 이제까지는 타인과 이야기할 때 한 사람씩 이야기 해야만 했지만 SNS에서는 한데 모아 이야기하는 것이 가능하다. 함께 이야기하면서 어쩐지 모두가 그 사람의 일을 아는 셈이다. 이렇게 알려지면 좋다. 최신 효과(recency effect)[5]가 있어서 실제로 만난 적이 없음에도 매일 포스트를 살펴보며 한 번 정도 '좋아요'를 누르게 된다. 호의의 응보성에 따라 '좋아요'를 받은 쪽도 기쁘니까 '좋아요'를 돌려준다. 그렇게 점점 사이가 좋아지고 사회 관계성을 강화할 수 있다.

큐레이션과 염상

트위터가 정보 취득 툴, 소셜 필터로서 기능하게 되자 트위터 정보는 흘러가는 정보가 될 가능성이 높아졌다.

　여기에는 스마트폰의 보급도 순풍 역할을 했다. 스마트폰은 정보 취득 비용이 낮은 툴이다. 데스크톱 컴퓨터처럼 책상에 앉아 전원을 켜고 운영체제가 작동하는 것을 기다리는 번거로운 순서가 필요하지 않다. 언제나 손쉽게 손안에 두고 드러누워 뒹굴면서 볼 수도 있다.

달리 표현하면 컴퓨터는 린 포워드(lean forward) 툴이
다. 컴퓨터를 사용할 때 사람의 몸은 앞으로 기우는 자세가
된다. 몸이 5도쯤 앞으로 기운다. 한편 텔레비전을 볼 때는
소파에 기대므로 몸이 뒤로 기운다. 린 백(lean back)이다.
스마트폰은 텔레비전처럼 린 백 툴이다.

＊린 포워드＊

책상 위에 놓인 컴퓨터를 향해
앞으로 기운 자세

＊린 백＊

소파에 느긋하게 앉아
스마트폰을 쓴다

린 포워드 툴은 분명한 목적을 가지고 사용한다. 목적
이외의 것은 방해가 되기 때문에 배제한다. 그러나 린 백 툴

은 사용 목적성이 낮아 무심하게 볼 때도 적지 않다. 이런 상황에서는 크게 의미 없는 정보를 흘려보내도 그다지 신경 쓰이지 않는다. 수신하는 쪽이 신경쓰지 않으므로 발신하는 쪽도 괜찮겠거니 한다. 결국 정보를 그저 흘려보낼 가능성이 높아진다.

PC 통신 이래 지금까지 이어진 흐름을 정리해보자. 먼저 최초로 PC 통신 시대의 정보는 플로 정보였다. 그것이 웹페이지의 발명에 따라 스톡 정보가 되었고 블로그의 출현으로 플로성이 높아졌다. 한편으로 블로그는 CGM 같은 스톡 콘텐츠를 낳았지만 SNS, 특히 트위터에 의해 다시 정보의 플로화가 진행된다.

정보가 플로화해 점점 흘러가버리면 그것을 거슬러올라가 열람할 수 있도록 스톡화하고 싶다고 생각하게 된다. 특히 트위터는 '트윗' 문자열 제한이 140자이기 때문에 하나하나의 트윗을 읽어서는 정확한 의미를 알 수 없다. 어느 정도 정리하지 않으면 정보로 이해되지 않는다. 그래서 정리하는 사이트인 큐레이션 사이트의 필요성이 생겼다.

원래 정보를 정리하는 사이트라면 일본 '2채널'의 정리가 있었다. 2채널의 게시판은 플로 정보들로 가득차 있어서 이것을 정리해 스톡화하기 위한 것이었다. 그런데 트위터나 페이스북 같은 소셜 미디어의 출현에 따라 정보의 플로화가 진행되자 흘러가는 정보를 정리해 스톡화하기 위한 큐레이션 사이트도 점차 생겨났다.

한편으로 정보의 플로성이 높아지면 하이프(hype)도 일어나기 쉽다. 하이프란 돌발적인 염상(炎上)[6]이다. 예전에는 염상이 '전차남(電車男)'이든 '마이야히(マイヤヒー)'든 일주일쯤 시간이 걸려 일어났으므로 다소 뒤처졌어도 무엇인지 파악할 수 있었다. 주로 2채널 게시판에서 관련 스레드를 몇 개만 간추려서 보기만 해도 됐다.

그런데 현재의 염상은 극히 짧은 시간, 10~20분 내에도 일어난다. 더구나 트위터나 블로그 등 미디어가 다양화되면서 추체험을 하려 해도 어디를 보아야만 추체험을 할 수 있는지 모른다. 그래서 그것을 제대로 추체험하기 위해서 주제의 발단이 된 트윗이나 블로그, 뉴스 기사 등 복수 미디어에서 그에 대한 정보를 모아 재편집한다.

현재의 염상은 블로그나 트위터 등 최초로 발신된 곳에

서 일어나지 않는다. 큐레이션된 시점에 일어난다. 실시간
으로 염상을 체험할 수 있는 사람이란 기껏 100명 정도이
다. 문제가 일어나면 곧 원래 기사는 사라져버리기 때문이
다. 그런데 이를 정리하면 1만 명, 10만 명, 100만 명이 체험
할 수 있다. 거기에서 비로소 축제가 된다. 큐레이션 사이트
는 흘려보내는 플로 정보를 재이용할 수 있도록 스톡하는
것만이 아니라 염상, 즉 축제를 추체험하기 위한 미디어라
는 의미도 있다.

정보의 진화 (2) – 정보의 입자 크기

사이트에서 페이지로

앞서 IT(컴퓨터와 네트워크를 이용한 IT)의 20년간 흐름을 주로 커뮤니케이션 플랫폼의 역사적 시점에서 좇아보았다. 동시에 20년간 IT의 변화를 생각할 때, 또하나 잊어서는 안 될 요소가 있다. "정보를 어떻게 찾을까" 하는 것이다.

PC 통신 시대에는 정보가 어디에 있는가를 찾기가 매우 어려웠다. 검색 도구가 없었기 때문이다. 그러나 "대체 어디쯤 있을 것 같은가"는 비교적 알기 쉬웠다.

PC 통신은 한 대의 호스트 컴퓨터에 의해 관리되는 네트워크이다. 대기업의 상용 서비스에서도, 애호가가 취미로 하는 듯한 이른바 '풀뿌리 네트'에서도 규모만 다를 뿐 기본적 시스템은 바뀌지 않는다.

예를 들어 일본 전자 회사 후지쓰(富士通)가 운영했던 일본 최대 규모의 PC 통신 니프티서브(NIFTY-Serve)에서 서비스는 '포럼'으로 분류되었다. 음악 포럼이나 영화 포럼 등 다루는 분야마다 포럼으로 분류되는 것이다.

포럼 안에는 게시판에 해당하는 '회의실'이 마련되어 있었다. 음악 포럼이라면 '재즈 회의실'과 '브리티시 록 회의실'이 있는 식이다. 그러니까 레드 제플린(Led Zeppelin)에 관한 정보라면 '브리티시 록 회의실'에 있을 것이라고 예상할 수 있다. 정확히 어디에 있는지는 몰라도 '있을 듯한 곳' '있을지도 모르는 곳'은 짐작할 수 있었다. 이것은 한 회사, 한 조직이 집중적으로 관리했기에 가능했던 일이었다.

뒤이어 인터넷 시대가 왔다. 인터넷은 단일 조직이 운영하지 않으므로 PC 통신처럼 로그인하면 회원 메뉴가 표시되거나 메뉴 단계에서 목적 장소로 가게 할 수는 없었다. 그래서 회원 메뉴에 상당하고 인터넷의 입구로 기능할 만한 포털 사이트가 생겨났다. 포털 사이트에 의해, 무엇을 알고 싶다면 어디로 가면 좋은지를 알 수 있게 되었다.

포털 사이트 가운데 '야후'는 앞서 언급한 순수 상기를 쟁취했다. 유저가 인터넷에 접속하면 우선 야후를 찾아가고, 거기에서 원하는 정보가 어디에 있는지를 찾는 유형이 일반적이었다.

다만 이즈음에는 필터링 기술도 발달하지 않아서 야후 사이트 검색이란 전화번호부, 즉 디렉터리형이었다. 중고차를 찾는다면 어떤 사이트, 맛있는 레스토랑은 어디라는 정보가 디렉터리에 분류된 것이다. 전화번호부 유형이므로 습득한 정보는 어디까지나 사이트 단위였다.

그러나 인터넷에 점차 사이트가 개설되어 정보의 발신량이 늘어가면 디렉터리 수도 늘어나 찾기 어려워진다. 하나의 전화번호부 카테고리에 10개나 20개의 사이트가 늘어서면 그 가운데 어디가 자신이 찾는 것인지 알기 어렵다.

이것이 진짜 전화번호부라면 1년에 한 번 갱신해 고쳐 만들면 된다. 하지만 인터넷은 다르다. 새로운 사이트가 출현하면 실시간으로 대응해야만 하는데 그 수가 너무 많아서 새로운 사이트를 따라가지 못하게 되고 만다. 이렇듯 디렉터리형의 검색에는 한계가 있었다.

드디어 구글의 '키워드 검색' 방법이 나타났다. 웹 검색 방법을 그때까지와는 완전히 다르게 바꾸어버릴 만한 대발명이었다.

예를 들어 샌프란시스코에 있는 요리점을 찾을 때, 야후의 디렉터리형 검색에서는 우선 '샌프란시스코의 추천 레스토랑'이 정리된 사이트를 보고 거기에서 여러 가게 사이트로 간다. 그렇게 해서 여기가 자신의 기호에 맞는다든지 혹은 별로라든지 여부를 사이트 단위로 찾을 수밖에 없다. 그러나 구글 검색으로는 예컨대 '샌프란시스코 데이트'라는 키워드를 입력한다. 그러면 '샌프란시스코 추천 레스토랑'이 정리된 사이트는 물론 그 밖에 데이트용 레스토랑이 정리된 페이지도 나온다. 뿐만 아니라 레스토랑 소개와는 전혀 관계없는 사이트라도 누군가가 샌프란시스코에서 데이트할 때 갔던 레스토랑에 관해 쓴 페이지도 찾을 수도 있다. 즉 사이트 자체는 '레스토랑' 카테고리에 포함될 만한 것이 아니어도 그 가운데 한 페이지라도 키워드에 맞으면 골라내기 때문에 정보를 찾는 단위가 사이트에서 페이지로 바뀐다. '정보의 입자 크기(粒度)'라 부르는 것이 한결 작은 단위로 작아짐으로써 지금까지는 습득할 수 없었던 정보도 습득할 수 있게 되었다. 이것은 하나의 혁명이다.

구글 검색 방법에는 또하나의 혁명이 있다. 디렉터리형 검색의 경우 그 분류를 인간이 수동으로 하므로 시간이 오래 걸릴 수밖에 없다. 그에 비해 구글은 기계가 하기 때문에 전날에 갱신된 페이지, 심지어는 몇 시간 전이나 몇 분 전에 갱신된 페이지에서도 최신 정보의 검색이 가능해졌다. 또한 정보를 발신하고부터 검색에 걸리기까지의 시간도 단축되었다.

정보의 입자 크기가 작아짐으로써 지금까지는 찾을 수 없었던 정보를 습득할 수 있게 되었다. 달리 말하면 검색엔진이 페이지를 발견하게 해주었다. 페이지를 발견하게 해준다는 것은 회사의 페이지라면 비즈니스에 도움이 될 가능성, 개인의 취미 페이지라면 누군가에게 읽힐 수 있는 확률이 높아진다는 의미이다. 누군가가 읽어준다는 사실이 발신 동기를 부여한다. 수신자의 편리성만 올라가는 것이 아니라 발신자에게도 이점이 된다. 따라서 새로운 정보를 자꾸 내놓고자 하는 흐름이 생긴다. 인터넷상에 모이는 정보는 더욱 늘어간다.

구글 검색으로 정보의 입자 크기는 사이트 단위에서 페이지 단위가 되었지만 블로그가 등장하면서 정보의 입자 크기를 한 단계 더 작아졌다. 더 정확하게는 블로그와 RSS(Really Simple Syndication or Rich Site Summary)이다. RSS는 뉴스나 블로그 갱신 정보를 정리해 통지하는데 이 갱신 정보의 단위가 '기사'이다. 블로그에 새로운 기사를 쓰면 그 기사는 전에 입력한 기사와 같은 페이지에 추가된 것이지만 RSS에서는 그것을 기사 단위로 분해해 통지해준다. 또한 트랙백에서는 기사 단위로 인용하고 참조하는 것이 가능하다. 기사에서 기사로 참조 관계를 구조적으로 파악할 수 있어 비슷한 정보를 정리해 기사 단위로 볼 수 있게 되었다. 결국 정보를 페이지보다도 작은 기사 단위로 습득할 수 있게 된 것이다.

이후 트위터가 출현한 후 기사 단위는 말할 것도 없다. 겨우 140자 트윗 단위까지 정보의 입자 크기가 작아졌다. 그만큼 미세한 단위로 원하는 정보를 정확히 찾을 수 있게 되었다는 말이다. 즉 어떤 정보가 어디에 있는가를 찾아내는 기술, 정보를 발견하는 기술이 진화했다.

정보를 발견하는 기술이란 달리 말하면 정보를 수신하는 기술이다. 수신하는 기술의 향상에 따라 작은 입자 크기로 정보를 수신할 수 있게 되었다.

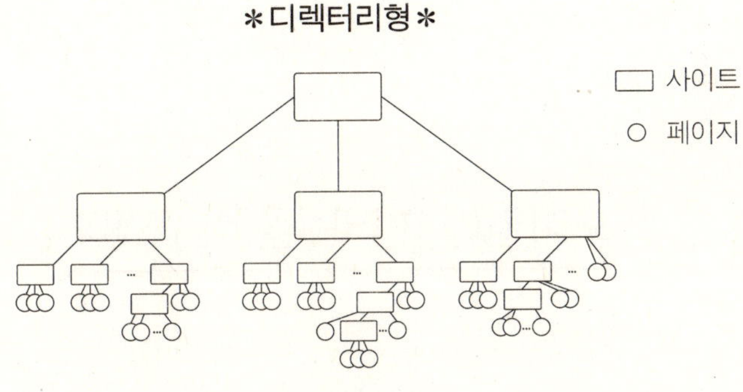

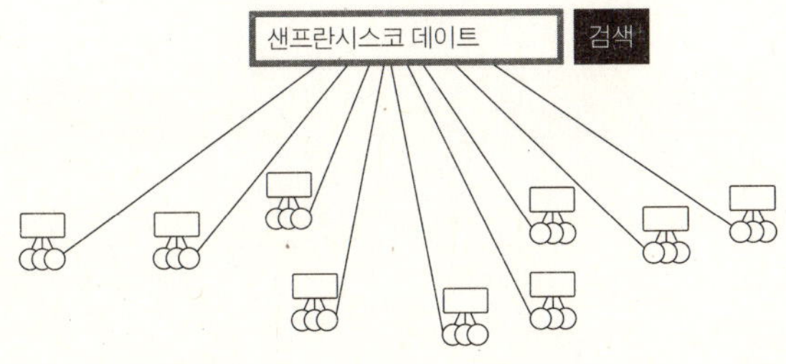

모바일이 인터넷을 바꾸었다

네트를 통한 커뮤니케이션 방식을 생각할 때 모바일 단말기의 존재는 상당히 큰 부분을 차지한다. 일본에서 최초로 휴대전화에서 인터넷에 접속하는 서비스를 시작한 것은 NTT 도코모의 아이모드이다. 나는 아이모드 서비스를 개시하는 스태프의 한 사람(상근 컨설턴트)으로 관여했다. 모바일이란 무엇인가를 말하자면 아래의 아이모드 콘셉트가 매우 알기 쉽게 전달한다.

'24시간, 7일, 30센티미터 이내'

1일 24시간, 주 7일간(즉 항상) 유저에게서 30센티미터 이내인 곳에 있다는 것이다. 거꾸로 말하면 그때까지의 모바일 네트 환경이 24시간, 7일, 30센티미터 이내에 없었다는 뜻이다. 고정된 데스크톱 컴퓨터는 주로 회사나 자택의 거실에 있으므로 거기까지 가지 않으면 사용할 수 없다. 또한 당시는 아직 통신비가 비싸서 밤 11시 이후에만 정액제를 사용할 수 있는 '텔레 무제한'이라는 계획이 마련되어 인터넷에 접속하는 시간도 밤 11시 이후로 한정되었다. 노트

북 컴퓨터의 출현으로 개인용 컴퓨터를 들고 다니게 되었지만 그렇다고 침실에 가지고 들어가면 가족에게 불평을 듣게 되고 휴일 데이트에 가지고 가서도 안 된다. 결국 개인용 컴퓨터는 장소나 시간으로나 한정된 툴이었다. 그런 상황에서 '24시간, 7일, 30센티미터 이내'에 있어 누구라도 손쉽게 인터넷에 접속할 수 있는 단말기를 만들려는 것이 아이모드의 출발점이었다.

그 무렵 프랑스에서는 전화나 케이블 텔레비전에 텍스트 정보를 표시하는 서비스가 전화번호부 서비스나 뉴스, 일기예보 등의 분야에서 이용되었다. 예상보다 이용률이 높아서 이런 분야는 확실한 수요가 있다는 것을 확인하고, 외출했을 때에도 일기예보 등을 확인할 수 있는 편리한 콘텐츠 서비스를 제공하겠다는 생각으로 시작했다.

여기서 중요한 점은 '누구나 이용할 수 있다'는 것이다. 달리 말하면 도코모의 고객 전원이 이용할 수 있다. 일부 사람만 이용하는 툴이 아니라 전원이 이용할 수 있어야만 한다. 되도록 많은 사람이 이용할 수 있어야 한다는 사고방식은 이동통신사로서는 당연하다. 도코모 이용자 가운데 5퍼센트가 월 1만 엔의 서비스를 이용하는 것보다 100퍼센트가 월 1천 엔의 서비스를 이용하는 편이 나음은 틀림없다. 아이모드를 설계할 때 당연히 이 부분을 철저하게 고찰했다.

인터넷 접속 기능을 휴대전화에 싣는 것도 이동통신사로서는 당연하지만 휴대전화에 싣는 이상, 그 단말기는 휴대전화여야만 한다. 인터넷 접속 기능을 탑재했기 때문에 크기가 필요 이상으로 커지거나 전화로서의 조작성이 떨어진다면 그것은 이미 휴대전화가 아니다. 그러면 도코모 이용자 전원이 이용하지 않게 되어버린다.

여러 가지로 조사해보니 이용자들 대부분이 휴대전화로 인식하는 크기는 무게 100그램, 용적 100시시 이하일 것이라는 결과가 나왔다. 그래서 100그램과 100시시라는 제한 속에서 무엇이 가능한가를 생각했다. 그 크기에 실을 수 있는 메모리 크기에 따라 HTML(Hypertext Markup Language, 하이퍼텍스트 기술용 언어) 크기도 2킬로바이트 이하로 할 필요가 있었다. 그렇다면 이미지는 싣기 어려우므로 텍스트 기반 서비스가 된다.

한편 인터페이스는 종래의 숫자 키를 선택했다. 당시에

도 이미 터치 패널 기술이 있었지만 아직 정밀도가 낮았다. 유저에게 터치로 조작해달라고 하면 "이런 것으로는 전화 하고 싶지 않다"라는 말을 듣고 말 정도였다. 그래서 버튼 숫자 키를 채택했다.

게다가 아이모드 기동을 간단히 할 수 있도록 아이모드 버튼을 만들었다. 당시 하드디스크(웨어)에 버튼을 하나 추가하는 것은 제조원가 면에서 큰일이라서 단말기 제조사에서 꽤 반발도 있었다. 그래도 '누구라도 간단히'라는 대전제를 실현하기 위해서는 절대로 필요한 것이었다. 그리고 실제로 아이모드 버튼은 유저에게 지지를 받았다.

또한 기술적 문제 이외의 면에서도 '전원이 이용할 수 있는 것'을 추구했다. 그 하나가 꽤 유명한 이야기이지만 '인터넷'이라는 말은 사용하지 않는다는 것이다. 우리가 만든 서비스는 '아이모드'라고만 부를 수 있게 정했다.

당시는 인터넷에 일종의 부정적인 이미지가 따랐다. 이용자들이 이상한 곳에 접속해서 속아 넘어가 돈을 빼앗기거나 바이러스에 감염되거나 한다는 것이다. 아이모드는 그런 부정적 이미지와 우리 서비스는 무관하며 누구나 안심하고 쓸 수 있음을 내세웠다. 유저가 아이모드를 이용하는 데 안도감을 느끼게 하려고 콘텐츠에 온라인 뱅킹을 넣는 것을 고집했다. 보안에 가장 엄격한 은행 서비스가 들어간다면 유저가 안심하고 이용할 수 있으리라고 생각했기 때문이다.

전화에서 정보 단말기로

실제로 아이모드 서비스가 시작되었다. 도코모 유저가 아이모드를 이용하려면 옵션 계약으로 월 300엔이 필요했다. 이 '월 300엔'은 콘텐츠 이용료의 한 기준으로 삼은 금액이다. 왜 300엔인가? 300엔이라는 금액을 설정하는 데 확고한 근거는 없었다. 다만 유저가 부담스럽게 느끼지 않고 무리 없이 지불할 수 있는 액수가 300엔 정도라고 생각했다.

이 금액 설정은 꽤 적절했던 듯하다. 도코모 유저 다수가 아이모드 서비스를 이용했기 때문이다. 또한 도코모 이외의 이동통신사도 마찬가지로 인터넷 접속 서비스를 시작했고, 역시 유저의 대부분이 해당 서비스를 이용했다. 그러면서 유저가 휴대전화를 전화보다 정보 단말기 용도로 사용하는 일이 많아졌다. 이상한 이야기이지만 전화를 거는 일이 줄어드는 현상이 일어났다.

전화라는 미디어는 상대의 시간을 빼앗는다. 상대의 형편을 깊이 생각하지 않고 전화를 걸어서 강제적으로 시간을 빼앗는다는 폭력성을 지닌다. 발신하는 쪽에서는 매우 심리적인 발신 비용이 높은 커뮤니케이션 수단이다.

그런데 그런 전화가 가진 폭력성이 없는 커뮤니케이션 툴로서 아이모드 메일이 나왔다. PC 메일은 수신하는 쪽이 메일 서버에 접근해 메일을 받으러 가야만 한다[이런 시스템을 '풀(pull)형'이라고 한다]. 반면 아이모드 메일은 메일이 전송된 것을 알려주는 '푸시(push)형' 메일이다.

PC의 경우, 수신하는 쪽이 별도로 수신 기능 설정을 해주지 않으면 발신자가 전하고 싶은 메시지가 있는지 여부를 알 수가 없다. 그런데 아이모드 메일에서는 메시지가 있다고 거의 실시간으로 상대에게 통지되므로 발신하는 쪽에서는 상대에게 도달했다고 확신한다. 그리고 메일을 읽거나 읽지 않거나, 답장하거나 답장하지 않거나 여부는 상대의 형편에 맡기므로 매우 부담 없이 메일을 보낼 수 있다.

심리적 비용뿐만이 아니다. 휴대전화는 거의 항상 손안에 있을 터이니 생각나는 대로 바로 메일을 보낼 수 있다. 외출한 곳에서도, 침대에 뒹굴면서도 틈틈이 메일을 보낼 수 있다.

이렇게 커뮤니케이션 비용이 극적으로 낮아짐으로써 아이모드 메일의 수요가 폭발적으로 증가하였다. 용건이라 할 만한 용건이 없어도, 아무래도 좋을 만한 하찮은 것들도 메일로 보내는 일이 많아졌다.

한때는 일주일 동안 아이모드 메일이 가장 붐비는 시간대가 월요일 밤 9시 드라마(게쓰쿠, 月9)[7]인 〈롱 베케이션〉이 끝난 직후였다고도 했다. 그 시간이 되면 〈롱 베케이션〉을 보고 난 여성들이 "기무라 타쿠야, 멋있었지"라는 메일을 일제히 송신했기 때문이라는 이야기이다. 이것이 더욱 극적으로 드러난 형태가 트위터에서의 '바루스'다. 스튜디오 지브리의 영화 〈천공의 성 라퓨타〉가 텔레비전으로 방송

될 때마다 일어나는 이벤트인데 클라이맥스 장면에서 파즈
와 시타가 멸망의 주문 '바루스'를 외칠 때에 동시에 '바루
스'라는 단어를 메일이나 SNS로 발신하는 것이다.

〈롱 베케이션〉이나 〈천공의 성 라퓨타〉를 필두로 아무
래도 좋을 법한 메일이 쉴새없이 보내지게 되자 사람들은
잠시도 휴대전화를 손에서 놓지 않고 수시로 휴대전화 화
면을 들여다보게 되었다. 여기에 이르러 일본의 휴대전화는
'24시간, 7일, 30센티미터 이내'에 있는 정보 단말기로 쓰이
게 되었다.

정보의 범람과 수신하는 기술

언제나 가까이에 단말기가 있어 그것을 사용해 쉽고 간단히
정보를 찾을 수 있는 환경이 되었다. 그러자 사람들은 날씨
나 막차 시각을 알아볼 때는 물론 자투리 시간에도 무료함

을 해소하려 모바일 단말기 화면을 들여다보게 되었다. 유저가 네트에 접근하는 시간이 대폭 늘어난 것이다.

아이모드를 필두로 이동통신사의 공식 콘텐츠 이외에도 대응 서비스가 늘면서 주변 환경이 정비되었다. 이런 경향은 스마트폰이 주류가 된 현재까지 이어지고 있다. 이 흐름 가운데 유저가 접근할 수 있는 정보 자체도 비약적으로 증대했다. 즉 정보를 발견할 수 있는 기술이 진보한 것이다. 웹 사이트에서 블로그, SNS로 점점 정보의 입자 크기가 작아지고 그 정보를 습득하는 기술 역시 발전하면서 그때까지는 습득하지 못했을 정보에도 쉽게 접근할 수 있게 되었다. 동시에 발신 비용이 낮아지면서 블로그나 SNS에서 정보를 발신하는 사람도 늘어나 정보의 양 자체가 늘어났다. 다시 말해 정보량 자체가 늘어난데다 그 속에서 많은 정보를 습득할 수 있고, 유저가 장시간에 걸쳐 정보에 접근할 수 있다. 때문에 정보가 늘어나는 방식을 표현할 때 비약적이라기보다 폭발적이라고 하는 편이 알맞을 것이다.

입자 크기가 작은 정보가 대량으로 흘러들어온다는 것은 수신하는 쪽의 시점에서 보면 정보의 속도가 빠르다는 의미이다. 정보의 속도가 빠르면 뒤에서 잇달아 다가오는 정보에 의해 앞선 정보는 흘러가버린다, 즉 플로화가 진행된다. 블로그나 트위터 등의 SNS는 웹 사이트와 비교하면 원래 플로성이 높은 미디어이지만 정보량의 증가와 고속화에 따라 더욱 플로성이 가속되었다.

플로성이 높아지면 본래 흘려보내고 싶지 않은 정보를 놓치는 일을 방지해야 할 필요가 생긴다. 한 가지 해결법으로 그것을 저장하는 정리 사이트 같은 미디어를 만드는 방법이 있지만 또하나 중요한 것이 수신하는 쪽의 테크닉이다.

정보의 입자 크기가 작아지면서 정보를 작은 단위로 습득할 수 있게 된 정보 발견의 기술은 달리 말하면 정보 수신의 기술임을 이미 제2장에서 다뤘다. 정보를 수신하는 기술을 조금 더 미세하게 보면 두 종류의 기술이 있다.

하나는 키워드 검색이나 지도 검색처럼 스스로 찾아낸 정보를 수신하는 기술, 프로액티브(proactive) 수신 기술이다. 검색엔진 발명이나 미디어의 진화에 따라 검색에서 습득하는 정보가 더욱 미세하고 최적화된 것은 이 프로액티브 수신 기술의 진보에 의한 것이다. 그리고 또하나는 정보가 끊임없이 대량으로 흘러와도 걱정 없는 기술, 리액티브 (reactive) 수신 기술이다. 리액티브 기술은 모바일 단말기의 등장과 보급에 더욱 밀접한 관계가 있다. 무심히 네트에 접속한 시간에 흘러들어오는 정보가 모두 유용하지는 않다. 오히려 태반은 흘려보내도 좋을 법한 정보라서 아무래도 좋을 정보이니 신경쓰지 않는 것, 한 귀로 듣고 한 귀로 흘리는 것이 상당히 중요해진다. 그렇지 않으면 흘려도 좋을 정보 가운데 가끔 끼어들어오는 유용한 정보를 습득할 수 없고, 애초에 네트에 접속하는 것마저 어려워질 수 있다.

이는 발신자 쪽의 발신력과도 관련이 있기 때문에 중요하다. 쓸모가 있을지 없을지는 모르지만 어쨌든 정보를 흘려보내도 상대에게 야단맞지 않는다면 발신자도 거리낌 없이 정보를 흘려보낼 것이다. 발신력이 강해지는 셈이다. 이상한 억제력이 작동하는 바람에, 내보내는 편이 좋았을 정보가 숨어버린다면 아까운 일이다. 정보가 정보로서 존재하기 위해서는 이런 리액티브 수신 기술이 반드시 필요하다. 그리고 리액티브 수신 기술의 중요도는 커뮤니케이션에서 더욱 커질 것이다.

제4장

소비되는 커뮤니케이션

사람들은 왜 정보를 발신하는가

정보 발신에 드는 비용

블로그의 출현, 믹시(mixi)나 페이스북, 트위터라는 SNS의 등장으로 네트상을 오가는 정보의 양, 발신되는 정보의 양이 폭발적으로 늘어났다. 그러면 사람들은 왜 정보를 발신하는 것일까?

그 이유의 하나는 정보 발신 비용이다. 사람들이 정보를 발신할 때에 필요한 경제적 비용, 심리적 비용, 물리적 비용은 인터넷으로 인해 크게 경감됐다.

특정 상대와 문자(텍스트)를 이용해 커뮤니케이션을 취하고 싶을 때, 이전에는 편지를 썼다. 이것은 상당히 번거로운 일이다. 편지지와 봉투를 준비해 펜으로 글자를 틀리지 않도록 신경을 쓰면서 글을 쓰고(한 글자라도 틀렸다면 처음부터 다시 써야 하고) 우표를 붙여 우체통에 넣는 작업은 심리적으로 비용이 매우 높은 일이다.

그런데 디지털 메일이라면 키보드를 톡톡 두드리는 것만으로(입력이나 변환 실수가 있어도 고치기가 간단하며) 마지막에 송신 명령을 실행하기만 하면 된다. 아주 부담 없이 쓸 수 있고 순식간에 상대에게 도달하며 게다가 경제적으로도 우표 값보다 훨씬 싸게 해결된다.

어떤 정보를 세상에 널리 전하고 싶을 때, 예전에는 전단을 만들어 배포했다. 서면을 작성하고 대량의 종이를 마련해 인쇄해서 완성한 전단지를 각 가정의 우체통에 넣거나 역 앞에서 길 가는 사람에게 나누어 주거나 전신주에 붙이거나 해서 남의 눈에 띄게 해야만 했다. 심한 수고와 시간과 돈이 들어가는 일이었다. 그런데 인터넷에서는 HTML 에디터로 재빨리 페이지를 만들어 FTP(File Transfer Protocol, 파일 전송용 프로토콜)로 서버에 전송하면 끝이다. 가능하다면 검색하면 쉽게 찾아지거나 하는 공부도 다소 하고 싶어지겠지만 그래도 방에서 한 발짝도 나가지 않고 모든 작업이 끝날 것이다.

또한 발신 비용의 저하는 콘텐츠 미디어의 변천, 진화와도 연결된다. 웹 페이지에서는 어느 정도 정리된 긴 글을 쓸 필요가 있고 구성도 생각해야 해서 실제로 문장을 쓰는 데도 시간이 걸렸다. HTML도 그런대로 이해해야 했다. 그런데 블로그에서는 더 짧은 문장이 일반적이고, CGM 사이트에서는 문자 수에 제한이 붙어 오히려 긴 문장은 쓸 수 없게 되었다. 심지어 트위터는 140자 이내의 글만 쓸 수 있는데 아예 리트윗만 하는 경우도 적지 않다. 이렇게 되면 대부분 자기가 쓰는 글이 없다. '쓴다'는 작업 자체가 점점 사라진다.

모바일 단말기에서는 발신 비용이 더욱 줄어든다. 데스크톱 컴퓨터는 기계가 놓인 장소까지 걸어가 의자에 앉아 전원을 켜고 인터넷 브라우저를 여는 등 여차여차한 순서가 필요하지만 스마트폰은 훨씬 간단하다. 장소를 이동하지 않아도 단말기는 손안에 있고 뭣하면 드러누운 채로도 조작할 수 있다. 범용 브라우저보다 미디어에 특화해 조작성이 좋은 애플리케이션을 열어 재빨리 써넣어버린다. 사진 업로드 따위는 거의 조작에 들어가지 않을 만큼 손쉽다.

아무튼 부담 없고 번거롭지 않으며 몸도 지치지 않고 게다가 돈도 들지 않는다. 경제적, 심리적, 물리적 비용이 낮아졌다. 발신 비용이 낮아졌다는 것은 이런 뜻이다.

정보를 발신하는 비용은 미디어가 동기적(同期的)인가, 비동기적(非同期的)인가에 따라서 달라진다.

동기적 미디어의 가장 큰 특징은 공시성으로, 커뮤니케이션이 일어나는 곳에 있는 것을 동시에 소비한다. 그렇다면 이야기의 내용을 통제하기 어려우므로 재이용성이 낮아진다. 더욱이 그곳에 있어야만 하므로 비용이 높아지고 비용 문제로 참가하는 사람도 줄어든다.

전화와 메일의 차이를 생각하면 이해하기 쉽다. 전화는 상대의 시간을 빼앗는 사실이 전제된 툴이다. 그것을 배려하려 든다면 좀처럼 전화를 걸 수 없다. 그러나 메일은 상대가 시간이 빌 때 읽어주면 되므로 일단 보내두게 된다. 심리적 비용이 전화와 비교하면 훨씬 낮다. 그래서 발신자가 늘어나는 것이다.

메일 같은 미디어가 비동기적인 미디어이다. 공시성이 없고, 참가자는 자기 형편이 좋을 때만 참가하면 되므로 발신자, 수신자 모두에게 비용이 낮다. 따라서 참가자가 늘어난다.

　동기적과 비동기적의 중간이라고 해도 좋을지 모르겠지만 하마노 사토시(濱野智史) 씨가 의사동기(疑似同期)라고 한 것도 있다. ‘니코니코 동화’가 여기에 해당한다. ‘니코니코 동화’는 언제 재생될지 알 수 없다. 2시간 뒤일지, 3시간 뒤일지 모르지만 동영상을 재생하는 몇 분간은 동영상을 시청하는 사람들끼리 시간을 공유한다. 써넣는 코멘트는 동영상 시계열에 따르므로 이 점에서는 공시성이 있다. 참가 비용은 낮으므로 참가하기 쉬운 미디어라고 할 수 있다.

정보를 발신하는 이점

발신하는 이점, 발신하지 않는 이점

사람들은 단지 투고하기 쉽거나 번거롭지 않다는 이유만으로 정보를 발신하지 않는다. 아무리 발신 비용이 낮아졌다고 해도 정보를 발신하지 않는 쪽이 비용이 덜 든다. 낮은 비용이라 하더라도 굳이 비용을 들여서 발신하려 하는 것에는 어떤 이점이나 유인 동기가 있어야 한다. 거꾸로 말하면 이점이 없으면 발신하지 않고, 발신하지 않는 게 이점이라면 역시 발신하지 않는다는 말이다.

정보를 발신하는 이점은 정보 발신 주체에 따라 다르다. 다시 말해 기업이 유저를 향해 발신하는 경우와 개인이 타자를 향해 발신하는 경우는 사정이 약간 다르다.

기업이 유저를 향해 보내는 정보는 비교적 알기 쉽다. 기업이 자사의 상품이나 서비스를 팔기 위해서는 우선 그 상품이나 서비스를 유저에게 인지시켜야 한다. '우리 회사는 이런 상품을 판매합니다, 이런 서비스를 하고 있습니다'라는 정보를 능동적으로 발신해야 한다. 되도록 빨리 커다란 목소리로 알릴 필요가 있다. 앞서 야후 옥션이나 카카쿠닷컴을 예로 든 바와 같이 최초로 발신해 선점한 것이 브랜드가 되기 때문이다.

다만 기업의 정보 발신에는 단점도 있다. 상품과 서비스를 인지시키는 과정에서 새로운 기술과 아이디어 등을 많든 적든 간에 얼마간 세상에 공공연히 드러낼 수밖에 없다는 점이다. 또한 타사가 모방할 가능성도 적지 않다. 하지만 만약 아무런 정보를 발신하지 않더라도 머지않아 상품이 세상에 나오면 어차피 일어날 일이고, 타사에서 모방하면 다시 새로운 상품을 개발해 진화해나가는 게 기업의 숙명이다.

오히려 잊지 말아야 할 것은 정보를 발신하지 않는 것의 이점, 정보를 숨겨두는 것에서 생기는 이점이다. 내가 중고 버스를 팔았던 사례가 전형적인 예라고 할 수 있다. 나는 교토의 버스 회사가 중고 버스의 처치를 곤란해한다는 것을 알았지만 이것을 세상에 발신하지 않았다. 동남아시아의 버스 회사가 버스를 원하는 것도 마찬가지이다. 그런 정보들을 세상으로부터 숨겨 나 혼자만의 것으로 했을 때, 내 이익에 연결할 수 있었기 때문이다.

그러나 이런 조작을 백일하에 드러내버리는 것이 인터

넷이라고 앞서 기술한 바 있다. 결국 인터넷의 등장으로 인해 정보를 숨겨두는 이점은 사라져버렸다. 내가 아무리 숨기려 해도 교토에는 버스가 남아돌고 동남아시아에서 버스를 원한다는 정보는 누군가에 의해 발신되고 만다. 숨겨두는 것의 이점, 숨겨두는 의미가 없어져버린다. 어차피 이점이 없으므로 숨겨두지 않고 발신해 다른 이점을 얻는 편이 훨씬 이득이다.

중고 버스의 예는 정보를 숨기는 방법으로서는 아직 백색이지만 더 흑색인 숨기는 방법도 있다. 얼마 전에 유명 레스토랑 몇 곳에서 실제로 사용한 것과 다른 음식 재료를 메뉴에 표기했다는 문제가 일어났는데 이런 것은 흑색이라 해도 좋을 것이다. 결국 단순한 표시 오류였다고 해명되었지만 실제로 표시 오류였는지 재료와 산지를 의도적으로 위장했는지를 제쳐놓더라도 이 문제를 받아들이는 쪽에서는 그다지 바람직하지 않은 의지를 느낄 수밖에 없다. 이런 사례에서는 정보를 발신하지 않고 숨긴다는 것은 이점이 없는 정도가 아니라 큰 손해로 이어지게 된다.

그래서 이 레스토랑을 운영하는 회사는 음식 재료나 산

지의 표시 오류가 있었다는 사실을 발표했다. 왜냐하면 의도적으로 정보를 은닉했거나 악의가 있었던 것이 아니라고 주장하기 위해서는 스스로 발표해야만 했기 때문이다. 의도적으로 정보를 숨김으로써 입는 손해의 크기를 알기에 최악의 상태를 회피하기 위해 스스로 발신해야만 했다.

예전이라면 이른바 모르쇠로 버티는 것이 가능했을지 모른다. 사정을 아는 사람이 내부 고발을 하려 해도 그 방법을 찾아내기가 쉽지 않았다. 그러나 지금은 간단히 고발할 수 있다. 부정을 저지르는 사람을 누구나 감시할 수 있고 부정이 발견되면 누구나 밀고할 수 있다. 네트 사회란 그런 사회이다.

반드시 탄로 날 일이라면 타인에게 고발당하기보다는 스스로 말해버리는 편이 낫다. 그쪽이 손해가 적은 상태로 해결된다. 고발당하고 나서 발표하면 숨겼던 것이 되지만 발각되기 전에 스스로 발표하면 숨긴 것은 아니다. 적어도 '숨기려 했다'는 비판은 받지 않는다.

현재는 숨겨두는 이점, 발신하지 않는 이점은 극히 작아지고 오히려 숨겨두는 것의 결점, 발신하지 않는 것의 결점이 커졌다. 발신하지 않는 쪽보다 발신하는 쪽을 택하는 것이 당연한 선택이다.

정보 발신은 사람을 풍부하게 한다

발신하지 않는 것의 결점이 커졌다는 것이 정보 발신을 촉구하는 큰 요소이지만 물론 발신하는 것의 이점도 엄연히 존재한다. 기업 또는 비즈니스로서의 정보 발신만이 아니라 개인에게도 마찬가지이다. 정보를 발신함으로써 자신이 풍부해진다. '풍부해진다'는 데 구체적으로는 여러 가지 유형이 있을 테니 조금 자세히 살펴보자.

정보를 발신함으로써 자신이 풍부해진다는 전형적 예의 하나로 컴퓨터 프로그램, 소프트웨어 세계의 오픈 소스(open source)를 들 수 있다. 자작 프로그램을 네트에서 공개해 자기 이외의 사람에게도 자유로이 사용하게 하는 프리

소프트웨어라는 형태가 있다. 이때 프로그램 파일(실행 파일)만이 아니라 프로그램 소스도 공개하고 게다가 소스 코드의 변경도 인정하는 것이 오픈 소스이다. 즉 사용할 뿐만 아니라 프로그램 자체에 손을 대도 괜찮다는 것이다.

소스를 공개해 변경을 허가함으로로써 능력에 자신이 있는 프로그래머나 해커들에 의해 "여기는 이렇게 하면 처리 속도가 올라가요" "이런 기능을 추가하면 더 편리해져요"라는 식으로 프로그램은 점점 개량된다. 즉 오픈 소스를 함으로써 자기가 만든 것보다 더욱 편리한 프로그램을 사용할 수 있고 동시에 몰랐던 알고리즘이나 코딩 기법을 배울 수도 있다. 새로운 지식을 익혀 다음 프로그램 만들기에 활용하는 것도 가능하다.

더욱이 컴퓨터 프로그램 같은 디지털 데이터는 공공재로서의 측면이 있으므로 많은 사람들이 소프트웨어를 사용해주면 세상에 도움이 된다는 만족감도 얻을 수 있다[여담이지만, 오픈 소스로 만들어져 개량된 프로그램은 실제로 사회적 공헌을 달성한다. 대표적인 것으로는 '리눅스(Linux)' 커널이나 통합 오피스 소프트웨어인 '오픈오피스

(OpenOffice)', 가까운 일상적인 것에는 PC의 '2채널(2ch)' 전용 브라우저군 등이 오픈 소스에 의한 것이다]. 바로 일거양득, 일거삼득의 이점이 있다.

새로운 지식을 얻는다는 말은 특별히 프로그램 오픈 소스에만 한정된 것은 아니다. 무엇이든 상관없기에 정보를 발신하면 그것을 읽은 사람으로부터 피드백이 올 것이다. "당신이 쓴 것에 관련해 이런 이야기도 있습니다"라고 주변 정보를 보내주거나 "그것은 조금 틀렸고 정확히는 이렇습니다"라고 잘못을 정정해주거나 할 것이다. 이런 반응도 틀림없이 자신을 풍부하게 해준다.

더 정확히 말하자면 정보를 발신할 때는 자기가 가진 정보나 생각을 정리해야 하는데 이 작업 자체가 자신을 성장시킨다. 머릿속에서 안다고 생각하는 것이라도 목소리를 내거나 문장으로 언어화함으로써 더욱 명확해지는 면이 있다. 명확해질 뿐만 아니라 언어화 과정에서 새로운 발견을 하기도 한다.

예를 들어 추천하는 가게의 평가를 '타베로그'에 투고하려면 자기는 왜 그 가게가 마음에 들었는가를 객관적으로 생각해볼 필요가 있다. 맛은 어떻고, 식기는 어떻고, 가게 분위기나 내부 장식은 어떻고, 접객은 어떻고, 이렇게 정리함으로써 이 가게에 대해 보다 잘 알게 된다. 가게에 대해서만이 아니라 자신의 취향도 알게 될 것이다. 자신도 알아차리지 못했던 자신에 대해 깨닫는 것까지 가능하다.

사회적 승인이 가져오는 쾌감

또하나 대단히 중요한 것이 '재미있었다' '고맙다'라는 독자로부터의 반응이다. 특별히 새로운 지식을 가져다주지 않아도 그 반응 자체에 큰 의미가 있다.

인간에게는 사회적으로 승인받고 싶다는 욕구가 있다. 자신의 존재를 사회에서 인정받고 싶다는 욕구이다. 이 욕구가 대단히 큰 까닭에 이것이 채워졌을 때의 쾌감과 충족감도 크다.

미국의 심리학자인 에이브러햄 매슬로(Abraham Maslow)는 '욕구 5단계설'을 주창했다. 인간의 욕구에는 다섯 가지 단계가 있어 하위 욕구가 충족되면 한 단계 상위의 욕구 충족을 지향한다는 학설이다.

매슬로의 욕구 5단계설

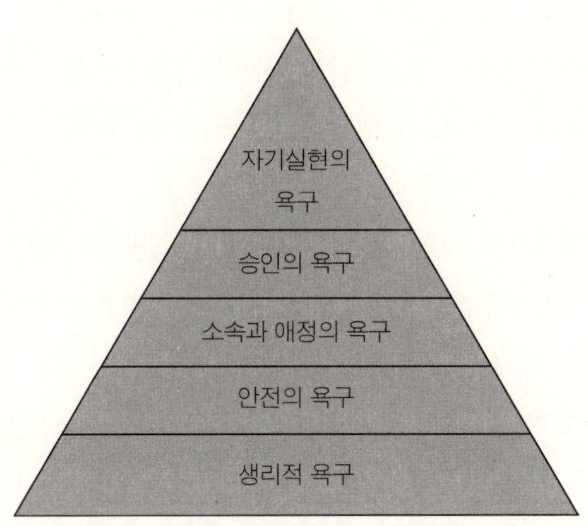

그 다섯 가지 욕구의 최하위가 '생리적 욕구'이다. 먹고 싶다든가 자고 싶다든가 하는 생명 유지를 위한 본능적인 욕구이다. 그 한 단계 위가 '안전의 욕구'이다. 경제적인 안정, 생활 수준이나 건강, 안전을 추구하는 것이다. 그 위에 있는 것이 '소속과 애정의 욕구'로 자신이 타인에게 받아들여져 사회와 집단에 소속된다는 감각이다. 그리고 그 상위가 '승인의 욕구'이다. 자신이 가치 있는 존재로 인정받고 존중받고자 하는 것이다. 타인으로부터의 존경, 명성, 주목을 집중시키려는 욕구이다. 최상위가 '자기실현의 욕구'인데 자신의 능력을 최대한 발휘해 자신이 될 수 있는 것이 되려 하는 욕구이다.

일본에서는 하위의 두 가지, 생리적 욕구와 안전의 욕구는 거의 충족되지만 한편으로 소속이 희박해졌다. 과거의 '가정'이 붕괴됐고, 회사는 회사대로 종신 고용 제도가 없어져 언제 밖으로 내쳐질지 모른다. 그런 까닭에 소속 욕구나 그것을 바탕으로 한 승인 욕구가 지나치게 충족되지 않는 나라가 되어버렸다.

대신 페이스북 등 SNS가 귀속 의식, 소속 욕구를 충족시

켜주는 존재가 되었다. 그리고 '재미있었다'는 반응이나 '좋아요' 수가 승인 욕구를 충족해준다.

즉 '좋아요'로 인정받은 것은 기사만이 아니라 자신의 존재 그 자체이기 때문에 기쁨을 느낀다. 트위터의 팔로우 수를 트윗 단위가 아니라 자기 자신에 대한 평가로 여겨 팔로어를 늘리느라 혈안인 사람이 나오는 것도 당연하다.

이것은 명예욕과도 이웃 같은 관계이다. '타베로그'에 세련된 음식점 정보를 투고하면 "저 사람은 좋은 가게를 많이 알고 있어. 대단하네"라고 여겨진다. Q&A 사이트의 답변자가 되면 "박식하구나"라는 감탄을 받는다. 재미있는 사진을 트위터에 올리면 "저 사람은 재미있는 것에 대한 감각이 날카로워. 센스가 좋아"라는 칭찬을 받는다. 타인(독자)으로부터 존경받아 명예욕을 충족할 수 있다. 그래서 사람들은 부지런히 페이스북이나 트위터에 글을 쓴다.

이런 쾌감이 얼마나 큰 것인가는 사회문제가 된 아르바이트 테러[8]의 사례가 증명하는 것이 아닐까?

그들은 아이스크림 케이스에 들어가거나 냉장고에 보존된 음식 재료로 장난치는 행위를 함으로써 누군가에게

‘재미있다’ ‘제법이네’라는 말을 듣고 싶어한다. ‘좋아요’를 클릭 받고 싶어한다. 그런 일을 하고 있음이 탄로 나면(이미 기술한 바와 같이 틀림없이 탄로 나지만) 아르바이트에서 해고될 뿐만 아니라 손해배상의 책임을 지고 일생을 망치게 될지도 모르지만 거기까지 생각이 미치지 않을 만큼 ‘좋아요’를 받는 것이 기분 좋았던 것이다.

커뮤니케이션이 소비된다

목적형 소비와 비목적형 소비

앞서 정보를 받아들이는 방식을 프로액티브와 리액티브로 분류할 수 있다는 이야기를 했다. 한편으로 발신자 쪽의 시점, 예를 들어 저널리즘적 시점에서 보면 의지를 품고 뉴스를 발신하는 목적형 정보 발신과 그런 목적 없이 개인의 생활을 담은 정보를 흘려보내는 비목적형 정보 발신으로 나눌 수도 있다.

흥미로운 점은 일본에서는 비목적형 정보 발신, 비목적형 소비가 매우 많다는 것이다. 미국과 비교하면 일본에서는 개인 발신 정보에 목적형 정보가 비교적 적은 편이다.

나는 그 이유가 비즈니스적 구조와 문화적 구조 두 가지 모두 관련이 있다고 생각한다. 우선 비즈니스적 구조로 살펴보면 목적형 정보 발신의 경우, 그 나름대로 비용을 들여 정보를 발신한다. 뉴스라면 취재를 하고 기사를 쓰고 편집하는 데 각기 비용이 들어갈 텐데 그에 대한 보수를 얻을 수 있는가 하는 문제이다. 보수에는 금전적인 것만이 아니라 비금전적인 것도 포함되는데 일본이라는 나라에서는 이것을 얻기가 상당히 어렵다.

그 이유의 하나가 독자의 수, 정확히 말하면 독자가 될 수 있는 사람의 수가 일본의 경우는 많지 않다는 점이다. 미국과 일본을 비교하면 이 대 일 정도이지만 영어권 대 일본어권으로 비교하면 그 차이가 더욱 벌어진다. 영어를 모국어로 하는 인구는 4억 명 정도라고 하지만 영어를 사용할 수 있는 사람 수로 하면 15억 명 정도가 될 것이다. 이와 대조적으로 일본어를 모국어로 하는 사람은 일본 인구와 거의 비슷한 1억 2천만 명 정도이다. 여기에 일본어를 할 수 있는 외국인의 수를 더해도 영어 사용자의 10분의 1 정도의 사람만이 일본어 사용자로 여겨진다.

게다가 광고료 문제도 있다. 일본은 하나의 광고당 판매액 규모가 미국의 3분의 1 정도밖에 되지 않는다. 그렇다면 (대단히 단순 계산이지만) 10분의 1의 3분의 1이니까 30분의 1 정도밖에 보수를 얻지 못한다. 이래서는 광고 미디어로 성립하지 않는다.

과금 비즈니스 부분에서 기술했다시피 정보에 과금하더라도 이용료를 징수하는 시스템이 모바일밖에 없어서 목적형 소비로서의 정보 발신이 일본에서는 성장하기 어려운 상황이었다. 이것이 경제적인 아키텍처로서 있었던 것이 한 측면이다.

문화적 구조 면에서는 원래 일본에는 '사소설'이라고 부를 만한 개인의 사소한 이야기를 읽고 그 미묘한 사정을 즐기는 문화 배경이 있었다. 그래서 쇼코탄'을 비롯한 예능인들이 그날 먹은 음식이나 방문한 장소 등의 정보를 흘려보내는 비목적형 소비로서 블로그가 융성했다. 모바일의 보급이 이를 뒷받침했다. 휴대전화나 스마트폰으로 사진을 찍어 문자와 함께 정보를 올릴 수 있기 때문이다.

이런 일이 왜 일본에서 일어났을까? 그것은 일본인이 고맥락(high context)을 지닌, 동질성 높은 국민이기 때문일 것이다. 사소설적인 일상을 방출하면서 거기에서 드러나는 사소한 차이를 즐기는 것은 아주 유사한 환경을 가진 인간 집단, 고맥락 문화 안에 있는 사람들이 아니면 할 수 없다. 예를 들어 건담 마니아들이 각 화의 작화 차이를 이야기하거나 그 배후의 역사와 관련해서 해독하거나 하는 고맥락 커뮤니케이션이 일본에는 있다고 생각한다.

다시 말해 비목적형 정보 소비가 진행될수록 비목적이라고는 해도 어떤 자극이 없이는 그 소비를 감당하지 못한다. 그래서 거기에 차이를 낳는 장치를 바라게 된다. 그 차이를 특별한 것으로 생각하면 할수록 자신의 소비가 가치 있게 여겨지기 때문이다.

그 궁극의 형태가 에도 시대의 다도(茶途)이다. 단 하나의 다기, 다완이나 찻그릇이 성(城) 하나와 같은 가치를 지녔다. 실제로 다기 자체에 그만큼의 가치가 있을 리는 없다. "이 다완의 가치는 그것을 아는 사람 외에는 모른다"라는 점에서 가치가 부여된다.

"이 곡선의 무시무시함" "이 색은 낼 수가 없네"라고 말하지만 그것은 실제 가치로서는 아무래도 좋은 것이다. 다만 무사의 좁은 세계에서는 이 차이를 아는 것이야말로 가치 있는 일이다. 그 가치가 점점 과대 팽창되어 다완 하나 때문에 사람 목이 달아나기도 했다.

그와 같은 일이 앞으로 정보 소비에서도 일어나리라고 생각한다. 지금까지는 비목적 소비가 오타쿠 소비라는 닫힌 세계에서 일어났지만 이토록 오타쿠 이외의 사람 사이에서도 늘어난 때에 어떻게 정착해갈 것인지 몹시 흥미롭게 바라볼 일이다.

모바일에서의 커뮤니케이션 소비

목적형 정보 소비가 일본에서는 성장하기 어려운 이유의 하나로, 개인이 발신하는 정보에 대한 보수를 얻기 어렵다는 것을 들었다. 그렇다면 이동통신사가 수금해주는 모바일 콘텐츠는 어떻게 되어 있을까?

모바일 콘텐츠 시장의 이야기로 들어가면 아이튠즈를 필두로 한 애플 콘텐츠가 대단하다는 말을 듣게 된다. 애플의 콘텐츠 시장 규모는 2012년에 대략 4,500억 엔 정도이다. 이것은 전 세계에서의 수치이지만 일본 모바일 콘텐츠 시장은 2007년에 이미 이 액수를 넘어섰다. 최고조였던 2011년에는 6,500억 엔을 넘어섰다. 2012년에는 유저들이

스마트폰으로 갈아타면서 약 4,800억 엔으로 줄어들었지만 그래도 아직 애플의 전 세계 시장 규모보다도 크다.

오른쪽 표를 보자. 표에서 음영을 넣은 부분이 뉴스 등의 정보계, 인포메이션 콘텐츠가 아닌 이른바 커뮤니케이션 콘텐츠 시장이다. 2009년의 것이 알기 쉬우니(2010년 이후로는 '아바타/아이템 판매'가 아바타인지 게임계 콘텐츠인지 알기 어려워졌다) 2009년의 수치로 설명해보자.

'착신 노래계 시장'의 1,201억 엔을 필두로 '착신 멜로디' '장식 메일' '통화 연결음' '대기' '폰 꾸미기' '아바타/아이템'의 커뮤니케이션 시장에서 합계액은 2,718억 엔이다. '장식 메일'은 데코 메일 관련 콘텐츠, '통화 연결음'은 호출이 갈 때 전화를 건 사람에게 들리는 소리를 말하는데 도코모의 '멜로디콜' 서비스 등이 이 판매액에 포함된다. 모바일 콘텐츠 전체 금액이 5,525억 엔인데 거의 절반이 커뮤니케이션 시장의 판매액이다.

아이모드를 만들려던 때에 상정한 것은 주로 정보계 콘텐츠였다. 착신 멜로디나 대기 화면 등은 원래 아이모드 기능에 없었다. 어떤 단말기에 착신 멜로디를 커스터마이즈할

* 피처폰의 모바일 콘텐츠 시장 명세 *

(총무성 발표 자료 '2011년 모바일 콘텐츠 산업 구조 실태에 관한 조사 결과'에서 작성)

(단위: 억 엔)

	2008년	2009년	2010년	2011년
착신 멜로디계 시장	473	402	335	287
착신 노래계 시장	1,190	1,201	1,133	942
(명세) 착신 노래 시장	(483)	(432)	(369)	(300)
(명세) 착신 노래 전체 시장	(707)	(769)	(764)	(642)
모바일 게임 시장	869	884	822	570
장식 메일계	171	228	243	213
전자 서적 시장	395	500	516	489
통화 연결음 시장	110	115	130	118
운세 시장	200	191	185	180
대기계 시장	229	226	214	172
폰 꾸미기 시장	64	99	117	103
날씨/뉴스 시장	78	97	127	140
교통 정보 시장	206	241	267	217
생활 정보 시장	77	121	170	168
아바타/아이템 판매(SNS 등)[*]	157	447	1,389	2,078
동영상 전문 시장	62	112	162	176
예능 · 엔터테인먼트계 시장	201	241	242	242
미디어 · 정보계 시장	66	66	62	54
기타	287	354	351	390
피처폰 시장 합계	4,835	5,525	6,465	6,539

※ 2011년에 '소셜게임 등 시장'으로 명칭 변경. 2009년 커뮤니케이션 시장은 2,718억 엔(전체의 49.2%).

수 있는 기능을 탑재했지만 음계를 숫자로 변환해 단말기에 입력하는 정도였다. 그 숫자 악보를 모은 책이 발매되었을 뿐이었는데 '이런 시장도 있구나' 싶었다. 책이 발매되었다고 해서 그 악보를 화면에 표시하는 콘텐츠를 팔기 시작했지만 이걸 사는 사람은 먼저 그 숫자를 종이에 베껴 쓴 다음 단말기에 입력하는 매우 번거로운 일을 해야만 했다. 그런데 이것이 히트했다. '이건 위험한데' 하면서 착신 멜로디를 그대로 다운로드해 설정할 수 있는 기능도 추가했다.

대기 화면도 마찬가지다. 단말기 제조사 직원이 "자기가 좋아하는 이미지를 화면에 설정할 수 있으면 재미있겠다"는 의견을 냈고 그래서 해보았는데 이쪽도 예상외로 썩 잘되었다.

착신 멜로디나 대기 화면의 사례는 자신의 단말기를 개성적으로 만들고 싶다는 데서 비롯한다. 개성적으로 만드는 작업은 자신과의 커뮤니케이션이라고도 할 수 있다. 이런 예는 또 있다. 친구들끼리 대화중에 "있잖아. 착신음을 이런 노래로 했는데" "이 대기 화면, 재미있지" 하고 나누는 사소한 이야기들이 커뮤니케이션이 된다. 결국 이것은 커뮤니케이션 소비이다.

한편으로는 아이모드가 판매된 시기와 맞물려 스트랩 유행이 찾아왔다. 애초에 휴대용 스트랩은 휴대전화가 부서지기 쉬우므로 떨어뜨리지 않게 끈을 매달아둔다는 정도의 의미였다. 그런데 그 스트랩이 패션이 되었다. 휴대전화란 무미건조하지만 매일 가지고 다니는 것이므로 예쁘게 꾸미고 싶다. 그래서 예쁘게 꾸미면 "뭐야? 그 스트랩 귀엽다"라는 이야기가 나온다. 착신 멜로디나 대기 화면과 마찬가지이다.

이런 이야기를 마쓰오카 세이고(松岡正剛) 씨를 만났을 때 했더니 "네쓰케(根付)라는 문화가 있었지"라고 가르쳐 주었다. 네쓰케란 에도 시대에 담배쌈지나 인갑 등을 매달아 허리띠에 지르는 물림쇠인데 기능적으로는 휴대 스트랩이지만 섬세한 조각이 새겨진 것들은 훌륭한 미술품으로 취급된다. 마쓰오카 씨의 말에 따르면 어떤 네쓰케를 지니는가를 자신의 개성과 이야깃거리로 삼았다고 하니 현대의 스트랩 유형과 같은 문화가 옛날부터 일본에 있었던 것이다.

나는 이런 이야기를 할 때에 곧잘 티셔츠를 예로 드는

데 티셔츠란 기능성 상품으로 보이지만(그리고 실제로 기능성 상품이기도 하지만) 모양이나 프린트로 자신만의 독창성을 드러낼 수 있다. 그리고 그것을 타인과의 커뮤니케이션 소재로도 삼고 동시에 자신과도 커뮤니케이션한다. 티셔츠를 갈아입음으로써 자신을 조금 다른 자신으로 바꾸는 커뮤니케이션이다. 이와 같은 구조는 착신 멜로디나 대기 화면과 다르지 않다.

그렇다 해도 커뮤니케이션 시장의 크기는 놀랄 만하다. 애초에 상정한 정보계, 인포메이션 콘텐츠보다도 커뮤니케이션 콘텐츠가 훨씬 큰 시장이 되었다. 일본인은 그런 커뮤니케이션을 아주 좋아해서 거기에 돈을 지급하는 것을 주저하지 않는다. 달리 말하면 인포메이션 콘텐츠보다도 커뮤니케이션 콘텐츠 쪽이 돈이 된다. 적어도 일본에서는 그렇게 되었다.

커뮤니케이션 소비를 말하자면 또하나 중요한 아이템이 있다. 그림문자이다. 아이모드에서는 애초부터 커뮤니케이션 소비를 그다지 강조하지 않았지만 이 그림문자는 예외적으로 맨 처음부터 의도해 탑재했다. 그림문자는 영어로는 '이모티콘(emoticon)'이라고 한다. '감정(emotion)+아이콘(icon)'으로 '감정을 나타내는 아이콘'이므로 '그림문자'라는 말보다도 더 정확히 의미를 나타낸다.

그림문자의 힌트가 된 것은 포켓벨(무선 호출기)이었다. 지금의 젊은이들은 포켓벨이라고 해도 모를 것이다. '포켓벨'이란 전화에서 포켓벨 단말기 착신음을 울리거나 "연락해"나 "빨리 와" 같은 간단한 문자 메시지를 보내거나 할 수 있는 NTT 제공 서비스이다. 원래는 긴급히 연락해야 하는 사람과 연락을 취하기 위한 툴이었지만 예나 지금이나 이런 재미있는 물건을 내버려두지 못하는 것이 여고생들이라 포켓벨은 여고생들의 필수 툴처럼 되었다.

포켓벨 단말기 가운데 하트 마크를 표시할 수 있는 기

종이 있었는데 여고생 사이에서는 이 기종이 표준 같은 것이었다. 그녀들에게는 하트 마크를 표시할 수 있다는 것이 매우 중요한 요소였다. 하트 마크는 감정을 직접 표현할 수 있다. 이것을 문자로 표현하려면 상당히 답답할 수 있다. 원래 그런 미묘한 사정을 정확히 표현하기는 매우 어렵다. 어떤 문장보다도 적확히 감정을 표현할 수 있는 것이 하트 마크이다.

그런 생각에 아이모드 메일에서는 그림문자를 만들어 문자와 마찬가지로 사용할 수 있게 했다. 그림문자를 만들었다고 했지만 그와 비슷한 것은 그전부터 있었다. 그림문자라기보다 ':-)'가 웃는 얼굴, ':-P'가 혀를 내민 얼굴이라는 식의 얼굴 문자가 미국에서 들어온 것이었다. 다만 이 미국형 얼굴 문자와 그림문자가 결정적으로 다른 점은 미국형 얼굴 문자는 압도적으로 종류가 적다는 것이다. 웃는 얼굴이라면 웃는 얼굴의 유형적인 것이 몇 개만 있을 뿐이었다.

비즈니스 측면에서 말하자면, 이것은 커뮤니케이션 소비인데 항상 새로운 것을 쓰고 싶다는 욕구에 응하는 서비스 플랫폼까지 승화되지 않은 것이 유감이었다. 웃는 얼굴

의 종류가 적다는 것은 표현할 수 있는 감정의 종류가 적다
는 뜻이다. 웃는다는 표현은 실은 매우 복잡해서 그 이면에
여러 가지 감정이 숨어 있지만 그런 미묘한 사정을 미국발
얼굴 문자로는 표현할 수 없다. 미국에서 온 얼굴 문자에 웃
는 얼굴의 종류가 적은 것은 미국인이 그런 미묘한 사정에
흥미가 없거나 혹은 미묘한 사정을 느낄 수 없기 때문일 것
이다.

그런데 일본인은 그 미묘한 사정이 중요하고 그것을 문
장 이상으로 표현할 수 있으므로 그림문자를 사용하고 싶어
한다. 그래서 그림문자는 유저에게 지지를 받았다. 휴대 메
일에는 그림문자가 으레 따르기 마련이라고 할 만큼 많이
사용되었다.

스마트폰에서 '라인(LINE)'이 폭발적인 인기를 얻은 것
도 같은 이유이다. '라인'은 인스턴트 메신저로서 잘 만들어
졌고 메일보다 훨씬 간단히 메시지를 보낼 수 있어서 편리
하다. 하지만 이만큼 많이 사용되는 것은 그런 이유만은 아
니다. 바로 스탬프가 있기 때문이다.

웃는 얼굴의 스탬프에도 여러 가지 있는데 거기에 전부

미묘하게 차이가 있다. 그 미묘한 차이 가운데 특정 스탬프를 선택하는 것이 중요하고 그 미묘한 차이 속에서 커뮤니케이션이 발생한다. 미묘한 차이를 공유하며 서로 알아주는 것이 쾌감이다. 이심전심이라고 표현해도 좋을 것이다. 이심전심은 기분 좋은 것이다. "이봐, 저거 좋지" "오, 너도 알아?" "알아, 알아"라고 하면서 두 사람이 고개를 끄덕이면 단순히 기분이 좋다.

"그거 좋지"의 '그거'를 말로 설명하려면 오만 가지 말을 써야 할지도 모르지만 "그거 좋지"라는 네 글자로 말해버리는 것은 대단히 고밀도의 커뮤니케이션이다. 앞에서 언급한 고맥락 국민성이 여기에도 드러난다. 일본이라는 고맥락 국가에는 이렇게 언어가 아닌 부분, 틈새를 즐길 수 있는 문화가 있다. 때문에 그런 부분이 과잉으로 소비된다. '라인'에서 항상 새로운 스탬프가 소비되는 것이 좋은 예이다. 커뮤니케이션 소비에서는 항상 남들과는 다른 새로운 자극을 구한다. 즉 전과 다른 것으로 남을 기쁘게 하고 싶다는 원리가 있기 때문이다.

저맥락(low context) 국가라면 '라인' 스탬프 같은 틈새

를 만들어도 그 틈새가 전해지지 않을 가능성이 높다. 그렇
다기보다 원래 전해지지 않는다는 전제로 살아가는 나라이
므로 그것도 언어로 말하려 할 것이다.

　나는 맥킨지&컴퍼니나 구글 같은 외국 자본계 기업에
서 일했다. 미국은 저맥락 국가에 속해서 외국 자본계 기업
에서는 미팅에서도 자신의 전제 조건이나 배경을 말로 설명
하려 한다. 전제 조건에 더해 자신의 주장을 진술해 상대를
설득하려 한다.

　그런데 일본인은 그 전제 조건을 말하지 않는다. 흔히
있는 문화론, 일본인론에서 일본인은 말로 제대로 설명하는
데 서투른 편이다. 그래서는 국제화에 대응할 수 없다는 주
장이 많이 있지만 그렇지 않다.

　미국인은 저맥락 문화 안에 있으므로 말하지 않으면 모
른다. 그러나 일본인은 고맥락 문화 속에 있으므로 말하지
않아도 이해한다. 말로 설명하는 것이 서투르다기보다 오히
려 말로 할 필요가 없다. 그래서 마침내 또 '고맥락'이라는
말이 나왔다. '고맥락'이 앞으로의 인터넷, IT 비즈니스를 생
각하는 데에 더욱 중요한 키워드라는 것이 나의 견해이다.

다음 장에서는 드디어 이 '고맥락'을 단서로 삼아 IT가
무엇을 지향하는지, 그렇다면 우리는 무엇을 할 수 있는지
를 생각하고자 한다.

제5장

IT가 목표하는 것, 향하는 곳

고맥락 인터넷

물건을 파는가, 이야기를 파는가

미국적인 것과 일본적인 것의 차이를 엿볼 수 있는 특징적인 예로서 네트 통신 판매의 방식을 들 수 있다.

아마 가장 알기 쉬운 예는 아마존닷컴과 라쿠텐이라 생각한다. 현재 아마존닷컴은 대단히 다종다양한 상품을 팔고 있지만 원래는 책 판매에서 시작했다. 책이란 어떤 상품인가 하면 어디에서 사도 같은 물건이다.

××라는 출판사에서 나오는 ○○라는 사람이 쓴 △△라는 제목의 책은 어떤 서점에서 사도 같은 물건이다. 결국은 동네 책방에서 사든 인터넷에서 사든지 내용이 같다. 즉 누가 판매하는가는 문제가 아니다. 아마존닷컴에서 파는 상품은 모두 아마존닷컴이 제공하는 것은 아니고, 마켓 플레이스가 제공하는 것도 일정 비율이 있지만 대부분 마켓 플레이스의 가게 이름을 인식하지는 않을 것이다.

서적이라는 상품은 어디에서 사도 같은 상품이어서, 극단적으로 말하면 누구에게 사거나 같기 때문에 인터넷에서 사게 되는지도 모른다. 합리적이라고 한다면 합리적인 이 사고방식은 매우 미국적이라고 말할 수 있다.

　다만 이 미국적 발상은 일면 위험성도 내포한다. 누구에게 사도 같은 것을 판다는 것은 자연히 양적 승부로 판가름이 난다. 대량으로 매입할 수 있는 업자는 구매 가격을 억제할 수 있으므로 값도 싸진다. 그리고 거기에 대항하기 위해 다른 업자 역시 가격을 내려야만 하는 가격경쟁의 연쇄로 이어지기 쉽다.

　현재 일본의 온갖 장소에서 일어나는 에누리 접전은 제조사도 소매점도 모두가 피폐해질 뿐인 소모전이다. 누구도 풍성하지 않고 행복하지 않은 세계가 되어버린다. 낭비가 없는 합리적인 비즈니스인지도 모르지만 낭비가 없는 세계는 머지않아 대가를 치르게 된다.

　그것은 미하엘 엔데(Michael Ende)의 『모모(Momo)』에 그려졌다. 어느 날 어느 마을에 수상한 회색 무리가 찾아온다. 그들은 "시간 저축 은행에 시간을 맡기면 나중에 여유를 가진 시간이 되돌아와요. 그렇게 하면 여유를 가진 인생을 보내게 돼요"라고 마을 사람들을 꼬드긴다. 속아 넘어간 어른들은 쓸데없다고 생각하는 시간을 자꾸 절약한다. 예를 들어 이발소에서 이발하는 중에 손님과 잡담하던 시간도 쓸데없다며 없애버린다. 확실히 효율은 좋아지겠지만 점점 딱딱한 사회가 되어간다. 이것을 이상하다고 느낀 소녀 모모가 거기에 대항해나가는 이야기이다.

미국적인 비즈니스, 달리 말하면 효율화되어갈 뿐인 인터넷이 나에게는 시간 저축 은행 같은 것으로 여겨진다. 만약을 위해 말해두지만 아마존닷컴이라는 회사를 비판하는 것은 아니다. 아마존닷컴은 인터넷이라는 툴을 유효하게 이용한 비즈니스에서 가장 성공한 예의 하나라고 생각한다.

다만 나는 '다른' 방식도 있지 않을까 생각하며 그것을 찾아보고 싶다. 물건을 산다는 것은 단지 물품을 사는 것만이 아니다. 그 상품에 얽힌 이야기를 사거나, 파는 사람과의 관계성을 사는 것이다. 그 관계성을 손에 넣었을 때 사람은 더욱 행복해질 수 있다. 인터넷이란 그것을 실현할 힘을 가진 툴이라고 생각한다.

100엔 숍 '다이소'의 야노 히로타케(矢野博丈) 사장이 흥미로운 말을 했다. 지금 다이소의 평균 손님 단가는 500엔 정도이고 평균 체류 시간은 30분 정도라고 한다. 야노 씨는 다이소라는 회사가 100엔 상품을 파는 것이 아니라 손님들이 가게에 머무는 30분이라는 시간을 판다고 말한다. 점내에 진열된 100엔 상품을 보면서 '이것을 산다면 생활에 어떤 구색이 늘어날까' '이런 것도 100엔에 파는구나' 등 이런저런 생각을 하면서 보내는 시간을 판다는 것이다. "영화를 보러 영화관에 가면 대략 2시간에 2천 엔쯤 든다. 다이소에서는 500엔에 30분만 즐길 수 있다. 아주 좋지 않은가?" 하고 야노 씨는 말했다. 즉 다이소에서는 물품 그 자체만이 아니라 가게 공간 전체, 개개의 물품이 지닌 이야기, 그것을 사는 자신의 이야기와 같은 것들을 전부 통틀어 판다는 것이다. 이것은 매우 고맥락적인 사고방식이며 비즈니스 방식이다.

쇼핑이 즐거운 것은 그런 과정이 있기 때문이다. 자신에 대해 틀을 조금 넓혀주고 여백의 시간을 제공한다는 것은 매우 멋진 일이다. 그리고 그것이 인터넷 속의 단순한 가격 승부 경쟁에 빠져버리는 현상에서 구해주지 않을까 하고 생각한다.

그런 다이소의 사고방식과 통하는 점을 나는 라쿠텐에

서 찾았다. 라쿠텐이라는 회사는 쇼핑이라는 과정 자체를 즐기자고 말한다. 사이트의 태그 라인에는 "쇼핑은 엔터테인먼트(Shopping is Entertainment)!"라고 쓰여 있다.

아마존닷컴에는 상품 페이지 형식이 딱 정해져 있어서 상품명과 가격 외에 크기나 기능 등 필요한 정보가 빈틈없이 적혀 있다. 매우 알기 쉽고 판단하기 쉬운 합리적 페이지 구성이다. 한편 라쿠텐 페이지는 기본적 형식이 있기는 하지만 세부적인 부분은 점포마다 달라서 빈 공간에 자기네 상품에 대한 깊은 생각을 열성껏 적어놓는다. 이 상품은 이만큼 좋고 이만큼 정성 들여 만들었다는 내용이다. 그중에는 힘이 너무 들어가 읽기 어려운 것도 있지만 그것조차 개성이 된다. 아마존닷컴의 상품 페이지와는 어떤 의미에서 대조적이다. 라쿠텐 창업자 미키타니 히로시(三木谷浩史)는 처음부터 점포 쪽의 마음을 표현할 수 있도록 자유롭게 만들게 하는 쪽이 좋다고 생각했다 한다.

그렇다고 라쿠텐에서 상품에 붙이는 가격이 반드시 싸지는 않다. 물론 시중 상점에서 파는 것보다 훨씬 싸게 파는 상품도 많지만 개중에는 절대 싸지 않은 것도 있다. 예를 들어 달걀은 아마존닷컴에서 1개에 10엔 정도로 팔지만 안전 방사로 기른 수향 닭의 알은 라쿠텐에서 1개에 70엔에도 팔린다. 왜 이렇게 가격이 다른가 하면 아마존닷컴에서 파는 것은 어디까지나 음식물로서의 달걀이지만 라쿠텐에서 파는 것은 단지 음식물로서의 달걀만이 아니라는 뜻이다. 달걀과 함께 '이야기'를 판다.

대면 판매가 아닌 인터넷 쇼핑에서는 아무래도 불안이 남겠지만 라쿠텐의 상품 페이지에는 확실히 가게의 얼굴이 보인다. 이렇게 열심히 상품에 대한 애정을 이야기하는 가게라면 사람을 속일 리가 없다고 느껴 구매를 단행한다. 또한 아마존닷컴에서는 달걀을 자신이 소비할 1팩이나 2팩만 사지만 라쿠텐에서는 160개를 대량 구매하는 사람도 있다. 그렇게 대량으로 구매해서 친구들에게 나누어준다고 한다. 결국 이것은 타인에게 기쁨을 주고 싶다는 커뮤니케이션 소비이다. 즉 여기에서 사는 것은 단지 물질로서의 달걀이 아니다. 물론 달걀은 달걀이지만 달걀과 함께 생산자의 깊은 생각이나 수향 닭에 얽힌 이야기를 산다. 달리 말하면 아마존닷컴은 '어디에서 사도 같은 상품을 파는' 것으로 합리성을 추구하고 라쿠텐은 '상품에 매력적인 이야기나 부가가치를 붙이는' 것으로 여백을 얻는다.

나는 라쿠텐으로 대표되는 일본적인 것, 즉 '고맥락'이야말로 우리가 지금부터 나아가야 할 방향이라 본다. 미국적인 것에 의해 만들어진 '낭비 없는 사회'로부터 인간과 사회를 되찾는 것이 일본적인 것이라고 생각한다. 이 '일본적'이라는 표현은 사실 정확하지 않다는 점에서 양해를 구한다. 일본 이외에 아시아에도 아프리카에도 유럽에도 마찬가지로 고맥락 문화는 있으므로 본래는 '비미국적'이라고 말해야 할 것이다. 하지만 그것도 그다지 익숙한 말은 아니므로 여기서는 편의상 '일본적'이라는 표현을 사용하기로 한다. 따라서 이 책에서의 '일본적'이라는 말은 '일본 특유의'가 아니라 '일본으로 대표되는 듯한 고맥락 문화'라는 의미로 이해해주면 좋겠다.

나는 '들어가며'에서 "구글에서 라쿠텐으로 옮긴 데는 분명한 이유가 있다"라고 썼다. 어쩌면 그 이유를 이제 독자 여러분이 알게 되지 않았을까 싶다. 미국적인 것과는 다른, 내가 찾는 방식이 여기에 있지 않을까.

인터넷이 미국에서 태어났다는 불행

나는 인터넷으로 고맥락인 것과 고맥락인 것을 직접 연결할 수 있다고 생각한다. 본래는 그런 성격을 가진 인터넷이지만 불행히도 저맥락 문화 국가인 미국에서 태어나고 말았다.

고맥락 문화란 커뮤니케이션의 공통 기반이 있으므로 성립할 수 있다. 그 공통부분을 굳이 말로 할 필요가 없는 것이다. 결국 아훔의 호흡[10]으로 설명하고 또한 그것을 즐길 수 있다.

그러나 미국이라는 이민 국가, 다민족, 다종교 국가 안에서는 공통 기반을 만들기 어렵다. 그러므로 아훔의 호흡이 성립하지 않고 '아'는 이런 의미이다, '훔'은 이런 것이라고 일일이 설명해야 한다. 결국 저맥락 문화가 될 수밖에 없다.

이것은 좋고 나쁨의 문제는 아니다. 미국이라는 국가, 사회의 사정이므로 어쩔 수 없는 일이지만 아훔의 호흡이 성립하지 않으므로 커뮤니케이션을 즐기는 곳까지 가지 않는다. 여백 부분까지 도달하지 않는다. 이 여백에서 태어나는 것이 커뮤니케이션 소비이므로 미국에서는 커뮤니케이션 소비가 일어나기 어렵지 않은가 하는 것이 나의 가설이다.

조금 더 자세히 말하면 미국이라는 나라에서는 커뮤니케이션 상대의 배경, 기반이 어떤 것인지 모르므로 무엇이라면 전달되고 무엇은 전달되지 않는지를 모른다. 상대의 배경이 A라는 배경일지도 모르지만 어쩌면 B라는 배경일지도 모른다. 그것을 확정할 수 없으므로 웃는 얼굴을 한 번 보내려 해도 일단은 어느 쪽이라도 알 법한 아이콘인 스마일리(smiley)를 보낼 수밖에 없다. 어느 쪽이든 알 수 있는 웃는 얼굴 아이콘이란 당연히 획일화되고 만다. 그렇다면 거기에서는 작은 차이를 찾아낼 수 없으므로 그 차이를 즐기는 고맥락 커뮤니케이션도 성립할 수 없다.

아마존닷컴이 '어디에서 사도 같은 상품'을 파는 것도 마찬가지이다. 만약 아마존닷컴이 라쿠텐처럼 이야기를 팔려고 해도 미국이라는 저맥락 국가에서는 공유할 수 있는 이야기를 만들기 어렵다. 문화적 공통 기반이 없어 수향 닭의 알을 보아도 그 배경에서 이야기를 감지하지 못한다. 그러므로 늘 정해진 상품을 팔 수밖에 없다.

코스트코(COSTCO)라는 대형 유통업체가 있다. 실로 미국적인 가게로, 상품 가격이 상당히 저렴하다. 판매 단위가 크기 때문이다. 예를 들어 크루아상을 사려 한다면 일주일 간 크루아상을 줄곧 먹어야만 할 정도로 많은 양이 되어 버린다. 우리는 그렇게 크루아상만 있어서는 소용없다고 생각하지만 미국인에게는 대단한 문제가 아닌 것 같다. 그들은 대량으로 구매한 크루아상을 매일같이 먹어도 아무렇지 않은 듯하다. 그러니까 싸면 쌀수록 좋고 판매 단위가 커도 전혀 상관없다.

그런데 하나의 물품을 잔뜩 사야만 하는 코스트코가 일본에서도 큰 인기를 누리고 있다. 그러나 그 이유는 미국과 전혀 다르다. 일본에서 코스트코는 커뮤니케이션 소비의 대상이다. 하나의 물품을 혼자 다 먹지 못할 만큼 대량 단위로 사야만 한다면 여럿이 나누면 된다는 것이다. 한 가정에서는 다 먹지 못해도 친구들이나 이웃에 나누면 먹을 수 있다. 그런 까닭에 부인들이 함께 코스트코에 가서 이러쿵저러쿵 품평하면서 산 물품을 모두가 공유하는 커뮤니케이션이 이루어진다.

미국은 일본처럼 맥락을 공유한다고 해도 커뮤니케이

션 소비가 좀처럼 생겨나지 않는 나라이다. 물론 미국에도 고맥락 시장이 있기는 하겠지만 전체로서는 저맥락 국가이다. 그리고 인터넷이 미국에서 태어나고 말았기 때문에 아마존닷컴이나 코스트코 같은 미국적인 것이 처음에 생겨나 마치 표준처럼 되어버렸다.

커뮤니케이션이 공통어에서 다언어로

그렇다 하더라도 인터넷이 저맥락으로 되어버린 것은 미국이라는 나라의 특수성 탓만은 아니다. 세계 각국의 여러 사람이 커뮤니케이션을 하는 데서 오는 어려움도 있을 것이다. 예컨대 내가 네트상에서 브라질 사람과 알게 되어 이야기하려 할 때 나는 일본어를, 상대방은 포르투갈어를 쓴다면 이야기가 통하지 않는다. 그럴 때 어떻게 하는가 하면 현재는 '영어'를 쓴다. 영어는 세계 공통어라고 하는 사람도 있으니 아마 틀린 방법이라고 할 수는 없을 것이다. 영어를 할 수 있는 사람이 세계에 15억 명쯤 있다고 추정되므로 가장 소통하기 쉬운 언어일지도 모른다. 어디까지나 '통한다'는 수준에서는 그렇다.

다만 영어를 모국어로 사용하지 않는 사람들이 영어로 메일을 쓰려면 여러 가지 불필요한 고민을 하게 된다. 이 경어 표현은 틀리지 않았을까, 이런 뉘앙스를 전하고 싶지만 무례한 인상을 주지 않을까 등이다. 결국 매우 무난하고 재미없는 말을 선택하게 된다.

결국 고맥락 문화에서 자란 사람이라도 영어라는 언어를 사용해 커뮤니케이션을 하려는 순간 저맥락이 되어버린다. 최저한의 의미와 의도는 전할 수 있겠지만 고밀도의 커뮤니케이션을 하기는 어려워진다.

영어를 모국어로 하는(그리고 다른 나라 사람도 영어를 쓰는 것이 당연하다고 생각하는 경향이 있는) 미국에서 태어난 인터넷은 영어가 세계 공통어라는 분위기 속에서 영어라는 언어에 얽매여버렸다. 때문에 거의 강제적으로 저맥락이 될 수밖에 없었다고 할 수 있다.

그러나 현재는 세계에서 최대 인구를 가진 언어는 영어가 아니다. 일본 문부과학성이 정리한 '세계 언어별 사용 인구' 자료에 따르면 세계에서 가장 사용하는 인구가 많은 언어는 중국어라고 한다. 두번째가 영어이고 그다음이 힌디어, 스페인어, 러시아어, 아라비아어로 이어진다. 모국어와 함께 영어도 사용할 수 있는 사람을 더해도 영어를 사용하는 인구가 세계에서 압도적으로 많지는 않다. 실제로 인터넷 사용 인구도 중국이 4억 명으로 1위인데 이는 미국의 2억 3천만 명을 훨씬 넘어서는 수치이다. 중국인 상당수가 영어를 사용할 수 있을 리는 없다. 급속히 보급이 진행되는 인도나 브라질에서도 마찬가지이다. 이미 영어는 인터넷에서 가장 많이 사용되는 언어라고 단정 지을 수 없게 되었다.

게다가 그리 머지않은 장래에 사태는 더욱 바뀔 터이다. 일찍이 PC 100달러 구상이라는 것이 있었다. PC 가격이 100달러로 떨어지면 한정된 선진국 국민만이 아니라 더 많은 사람이 PC로 학습할 수 있다는 것이다. 그리고 모두가 인터넷에 접속할 수 있는 시대는 머지않은 곳까지 다가왔다. 안드로이드 보급에 따라 스마트폰이나 태블릿 PC가 급속히

저가격화되었다. 예를 들어 인도에서는 태블릿 PC가 65달러에 판매되는데 심지어 같은 제품이 학생용으로는 정부 보조금이 붙어 14달러에 판매된다.

스마트폰이나 태블릿 PC의 가격이 낮아지면서 아시아나 아프리카 사람들에게 급속히 보급되었다. 지금 그들은 냉장고나 텔레비전보다도 스마트폰을 사고 싶어한다. 그리고 스마트폰을 손에 넣으면 그들의 모국어로 인터넷을 사용할 것이다.

일본인이 일본어로 인터넷을 사용하듯이 토착민들이 토착 언어로 인터넷을 사용한다. 일본인이 일본어로 고맥락 커뮤니케이션을 즐기듯이 토착민끼리의 고맥락 인터넷이 태어난다. 태어난다기보다 겉으로 드러난다고 해야 할 것이다. 인터넷의 주요 유저가 영어에 얽매인 저맥락 사람들에서 토착 언어, 토착 문화를 가진 고맥락 사람들로 바뀐다. 그때가 되면 공통 언어였던 영어는 급속히 소수가 되어버릴 것이다.

커뮤니케이션에서 애초에 언어는 없어서는 안 되는 것일까? 인터넷상에서 찾아낸 사진이나 동영상을 자신의 페이지에 붙여 다른 유저와 공유하는 '핀터레스트(Pinterest)'라는 서비스가 있다. 이 서비스에서 커뮤니케이션 수단은 사진이나 동영상이다. 거기에 언어는 직접적으로는 끼어들지 않는다. 사진이나 동영상만 있어도 자신과 취향이 맞는 사람은 곧바로 찾아낼 수 있다. 그 사람은 브라질에 살고 있거나 혹은 아일랜드에 살고 있을지도 모른다. 그 사람의 피부색이 검은지 하얀지 노란지 알 수 없다. 평소 어떤 언어를 말하는 사람인지도 모른다. 다만 그가 좋아하는 풍경이나 취미는 알 수 있다.

'핀터레스트'에서 나와 취미가 딱 맞는 사람이 브라질에 있다. 그다지 큰소리로 떠들 만한 주제는 아니지만 여성의 목덜미에 대한 기호가 완전히 같다. 이른바 '목덜미 페티시(fetish)'라는 것이다. 그 브라질인과는 메일 한 번 주고받은 적이 없지만 나는 그가 나를 의식하고 있을 것이라고 생각한다. 아마 틀림없이 그도 나에 대해 같은 인상을 품고 있을 터이다.

나와 그의 커뮤니케이션은 "이봐, 이 사진의 좋은 점을 알겠어?"라고 사진으로 서로 반격함으로써 이루어진다. 일본어도 포르투갈어도 물론 영어도 쓰지 않는다. 다만 '이건 어때' 하고 사진을 제시할 뿐이다. 그러나 거기에는 매우 고밀도의 커뮤니케이션이 성립한다. 여기에서는 평소 말하는 언어는 이미 관계없다. 말을 거치지 않고 고맥락 커뮤니케이션을 취한다. 그것이 가능한 동료를 세상에서 찾아낼 수 있다. '핀터레스트'라는 사진의 나열은 고맥락의 동료를 찾기 위한 가장 효율적인 수법의 하나가 되었다. 아마 앞으로 '핀터레스트'처럼 언어가 끼어들지 않는 서비스는 더욱 늘어날 것이다.

사진이라는 미디어는 엄청난 정보량을 가진다. 말로 설명하려면 수천 마디, 수만 마디 말을 써도 부족할 만한 정보량이 사진에 담긴다. 더구나 그것을 순식간에 파악할 수 있다. 어떤 의미에서는 언어와 비교해 압도적인 우위를 보인다.

도쿄 대학 출신 울트라 테크놀로지스트 집단으로 알려

진 팀랩(teamLab)의 이노코 토시유키(猪子寿之) 씨가 아주 재미있는 말을 했다. "글로벌 사회는 영어라거나, 이제부터는 영어가 중요하다고 말하는 사람이 많지만, 정말로 잘나가는 글로벌 기업은 영어보다도 '비언어화'를 중요시할 것이다. 나이키나 스타벅스 로고에서 영문 표기가 사라진 것이 그 증거이다. 영어라는 언어가 아니라 아이콘만으로 비언어 커뮤니케이션을 지향하게 될 것이다."

 굉장히 예리한 지적이라고 생각한다. 동시에 이노코 씨는 어떤 미국인의 말이라며 "일본은 매우 살기 좋은 나라였다, 일본어는 전혀 몰랐지만 생활에 곤란한 점이 없었다"고 했다는 예를 소개했다. 왜냐하면 레스토랑에 들어가면 메뉴에 사진이 붙어 있어 어떤 요리인지 바로 알 수 있었고, 계산할 때도 금전등록기에 금액이 표시되어 일본어를 몰라도 전연 곤란하지 않았다는 것이다.

 '과연 그렇구나' 하고 생각했다. 실제로 내 주변을 둘러보아도 글자를 읽지 못해 곤란한 일은 없을 것 같았다. 도쿄 터미널 역, 도쿄 역이나 신주쿠 역은 복잡하다고 알려져 있지만 그래도 별로 곤란하지 않은 것은 곳곳에 아이콘이 있기 때문이다. 전차 타는 곳은 이쪽, 매표소는 저쪽, 화장실은 그쪽인데 남자용은 여기에 여자용은 저쪽, 아기 기저귀 가는 곳은 거기 등 모두 아이콘만으로 알 수 있다.

언어를 통하지 않아도 커뮤니케이션이 가능하고, 오히려 언어를 통하지 않는 편이 '핀터레스트'처럼 고맥락이고 풍부한 커뮤니케이션을 취할 수 있는 게 아닐까 싶다.

영화 〈그렇게 아버지가 된다〉로 칸 국제영화제 심사위원상을 받았을 때 고레에다 히로카즈(是枝裕和) 감독이 발표한 소감 일부를 여기에 인용한다. "영화는 틀림없이 세계 언어이다. 다양성을 배경으로 하면서 그 차이의 경계를 가뿐히 넘어 모두가 영화의 주민으로서 연결되는 이 풍요로움. 그 풍요로움 앞에 현주소는 의미를 잃는다."

어떤가? 멋지지 않은가? 일본이, 아시아가, 아프리카가, 유럽이 모든 나라와 민족이 가진 독자성과 다양성을 인정하고 또한 존중한 다음, 언어에 얽매이지 않고 언어를 넘어선 곳에서 이어지는 관계. 그 관계를 구축하는 힘이 인터넷에는 있다. 그리고 우리가 목표하는 것, 차세대 인터넷은 바로 이 말이 나타내는 곳에 있다고 믿는다.

그리고 인터넷은 사람을

행복하게 하는 장치로

구글 글라스란 어떤 장치인가

지금부터 일어나는 인터넷 혁명, 그것은 기가비트 인터넷(gigabit internet)과 웨어러블(wearable)이라고 나는 생각한다. 기가비트 인터넷은 요컨대 전송속도, 단번에 대용량 데이터를 전송하는 기술을 말한다. 데이터 전송속도란 말하자면 고작 전송속도라고 할 수도 있지만 매우 중요하다. 인터넷 초기 단계에 거의 텍스트 데이터밖에 다루지 않았던 것도 전송속도가 느렸기 때문이다. 작은 것이라도 이미지를 표시하려면 시간이 매우 오래 걸려서 실용화할 수 없었다. 지금은 이미지나 동영상을 볼 때 극히 자연스럽게 스트레스 없이 볼 수 있지만 이 '자연스럽게' '스트레스 없이'가 아주 중요하다.

이것을 더 진행하면 SF 영화에서 볼 수 있는 가상현실이나 이화학연구소의 후지이 나오타카(藤井直敬) 씨가 연구하는 대체 현실처럼 동영상을 보는 것만이 아니라 그곳의 분위기를 통째로 가져오는 게 가능하게 될지도 모른다. 그곳의 분위기를 '극히 자연스럽게' '마치 그 장소에 있는 듯이' 보내는 기술이다. 그곳에 있지 않아도 그곳에 있는 듯한 경험이 가능하다. 그런 고농도의 맥락을 전하는 기술이 가능해질 것이다.

그것이 앞으로 인터넷, IT가 나아가야 할 방향의 하나이기는 하지만 사실 나는 그보다 웨어러블 쪽이, 맥락을 이용하는 것에 대해 더 큰 공헌을 하리라고 생각한다. 웨어러블이라면 구글 글라스(Google Glass)를 필두로 곧잘 화제에 오르지만 실은 도대체 무엇이 가능하고 무엇을 목표하는지 뜻밖에 잘 알려지지 않은 듯하다. 웨어러블을 이해하려면 그 대표격인 구글 글라스가 어떤 장치이고 무엇을 목표하는지를 설명하는 것이 좋겠다.

구글 글라스를 발표할 때에 구글이 공개한 콘셉트 비디오가 있다. 이 책을 집필하는 시점에는 유튜브에서도 볼 수 있는데 이 비디오가 상당히 잘 만들어졌으므로 이것에 따라서 구글 글라스가 무엇을 목표하고 어떤 세계를 상정하는지를 설명해보려 한다.

이 비디오는 구글 글라스를 장착한 남성의 하루를 그의 시점에서 따라간다. 즉 구글 글라스에 비치는 것을 볼 수 있다. 우선 아침에 일어나 벽을 보면 구글 글라스에 현재 시각과 당일 예정 일정이 표시된다. 사람이 아침에 일어나 벽을 보는 것은 시계를 찾기 때문인데 이때 그가 알고 싶은 것은 시각만이 아닐 것이다. 동시에 오늘 일정을 보고 싶다고 생각한다. 지금은 몇 시인가 하는 정보와 오늘은 몇 시에 어디에 가기로 되어 있는가 하는 정보는 묶음으로 함께 표시된다. 다음으로 창밖 하늘을 바라본다. 날씨를 확인하기 위해서이다. 그러면 글라스에는 일기 예보가 표시된다. 이런 식으로 구글 글라스는 유저의 시선 끝에 있는 것을 인식해 거기에서 의도를 간파한다. 그리고 그때그때 필요한 정보를 표시해준다.

이어서 식사를 하는데 친구로부터 메시지가 도착한다. 표시되는 얼굴 사진으로 누구에게서 온 메시지인지 알 수 있다. 메시지 답장도 음성으로 이루어진다. 키보드로 입력할 필요가 없다. '답장'이라고 말한 다음 이어서 메시지를 음성 입력할 뿐이다. 그와는 오늘 서점 앞에서 만나기로 약속했다.

밖으로 나가 지하철역으로 향하자 사고가 있었는지 불통이다. 대체 경로를 찾을까, 도보인가 버스인가 하고 묻고

도보 경로로 지정하면 검색된 도보 경로가 지도에 표시된다.

걸으면서 우연히 만난 개의 머리를 쓰다듬거나 벽에 붙은 포스터를 보는 것도 여유롭다. 우쿨렐레 연주자의 라이브를 알리는 포스터인데 그것을 보고 흥미가 생겨 가까운 서점에 들어가 우쿨렐레 책을 찾는다. 우쿨렐레 관련 책은 어디일까 하고 생각하다가 "음악 책 코너는 어디?"라고 글라스에 물어본다. 그러면 지금 서 있는 곳에서 음악 책 코너까지 글라스가 유도해준다. 음악 책 코너를 찾아 서점 안을 이리저리 헤매거나 점원을 찾아 질문할 필요도 없다. 그렇게 우쿨렐레 책을 산다.

'아, 그렇지' 친구와 만날 약속을 했다는 게 떠올라 확인해보니 벌써 바로 가까이 와 있음을 알 수 있다. 만나기로 한 곳이 서점 앞이었으므로 가게를 나서니 친구도 마침 도착한다.

매드트럭이라는 대단히 맛있는 커피집 케이터링 차를 발견하고 현재 위치를 다른 친구에게 알린다. "여기 맛있는 커피집이 있어"라고 해서 앞서 설명한 승인 욕구를 채운다. 더구나 이 행동을 함께 있는 친구들과 커피를 마시고 수다를 떠는 도중에 해버린다. 누군가와 함께 있어도 개의치 않고

"잠깐만" 하고 사람을 기다리게 하며 페이스북이나 트위터에 사진을 올리는 사람이 흔히 있는데, 구글 글라스를 착용하고는 그런 꼴사나운 일은 하지 않아도 된다. 아주 세련되게 승인 욕구를 채울 수 있는 것이다. 그뒤에도 길을 걷다가 멋진 경치를 보면 글라스에 "사진을 찍어" "사진을 공유해"라고 단 1초, 2초에 명령한다. 잇달아 승인 욕구를 채운다.

결정타로는 제시카라는 여자 친구와 비디오 채팅을 하는데 이쪽에서 보는 것을 상대에게 공유하는 '뷰 모드'를 사용해서 자기가 보는 아름다운 석양을 제시카에게도 보여준다. 그리고 오늘 막 구매한 우쿨렐레를 치면서(벌써 칠 수 있게 되었다) 제시카에게 구애한다. 이렇게 해서 어떤가, 인생이 풍요로워지지 않나 하는 것이 구글 글라스이다.

이 동영상 중에서 내가 특히 좋아하는 부분이 지하철에서 도보로 경로를 변경하는 것, 개와 놀거나 포스터를 보거나 하는 것이다. 거기가 가장 소중한 부분이다. 실제로도 곧잘 있는 일이지만 통근할 때 항상 이용하던 전차가 멈추면 어떤 수단을 찾아야만 한다. 그대로 역에서 운행 재개를 기다리는 것도 하나의 선택지이지만 대개는 다른 이동 수단을 찾을 것이다. 버스나 도보라는 수단 말이다. 버스 노선이나 도보 경로는 스마트폰으로 찾을 수 있다. 모바일 단말기가 없던 시대는 이런 조사도 불가능했으니 대단히 편리해졌다. 그렇다 해도 평소에는 이용하지 않던 경로이므로 기분이 안정되지 않을 것이다. 내리는 버스 정류장을 지나치지 않았는지 긴장해야 하고, 도보로 이동한다면 스마트폰 지도와 눈싸움을 하면서 걷게 된다.

스마트폰을 한 손에 들고 지도를 보면 시선이 떨어진다. 그러면 주위 풍경에서 시선을 떼야 한다. 귀여운 개가 스쳐 지나가도 머리를 쓰다듬을 여유 따위 없고 애초에 개 따위

시야에 들어오지 않을지도 모른다. 모처럼 귀여운 개와 스쳐지나는데 아까운 일이다.

달리 말하면 사람들은 예컨대 이동하는 때에도 상당한 정보 비용을 들이는 셈이다. 버스에 탔다면 내릴 버스 정류장은 어디이고 지금은 어느 버스 정류장 부근에 있는지, 앞으로 몇 번째 버스 정류장에서 내리는지 등을 신경써야 한다. 도보라면 다음에 도는 모퉁이는 어디인가 등의 정보를 항상 취득하며 나아가야 한다. 그 때문에 그냥 걸을 때보다 쓸데없는 동작을 하지 않아야 하고 본래 보일 만한 경치도 보이지 않게 된다. 그런 여분의 비용이나 불안이 없어지면 문득 발견한 포스터에서 우쿨렐레라는 새로운 취미를 만나고, 저쪽에서 귀여운 개가 오는 것을 알아차리는 등 새롭게 다른 정보를 취득할 여유가 생긴다. 그렇게 눈앞에 있는 그때 그곳의 현실적 정보를 즐기고 학습할 수 있게 됨으로써 타인과의 주고받기도 한결 즐기게 되어 인생이 풍요로워진다. 구글 글라스는 정보 취득 비용이나 불안을 제거함으로써 사람이 더욱 인간적인 생활을 보낼 수 있게 해준다. 즉 일상생활을 인간화하는 테크놀로지이다.

애초에 웨어러블이란 사람과 장치의 거리를 모바일보
다도 한층 좁히는 것이다. 가지고 다니는 것이 아니라 착용
해버리기 때문에 적어도 물리적으로는 당연하다.

휴대전화나 스마트폰으로 사진을 찍을 때는 앵글을 디
스플레이로 확인하므로 휴대전화나 스마트폰과 자신의 사
이에 30센티미터나 50센티미터의 거리가 생긴다. 그런데
구글 글라스는 거리가 거의 영(0)이 된다. 휴대전화나 스마
트폰으로 사진을 찍을 때는 아무래도 카메라로 사진 찍는
자세를 취한다. 30센티미터나 50센티미터의 거리가 그렇게
느끼게 한다. 그리고 셔터를 누르는 순간도 "자, 찍어요. 이
쪽 봐" 하고 셔터를 누르므로 피사체의 표정이 부자연스럽
게 된다. 그렇지만 구글 글라스로는 피사체가 사진을 찍힌
다는 것을 의식하지 않는 상황에서 촬영할 수 있다. 그렇게
하면 표정도 아주 자연스럽고 그 사진을 보는 사람에게도
자연스러움이 전해진다. 이것은 맥락을 전달할 때에는 압도
적으로 중요하다.

지금 블로그나 트위터에 흘려보내는 일상도 일상임은
틀림없지만 그래도 기합을 넣은 느낌이 있다. 유명한 레스

토랑에 갔다, 세련된 카페에 갔다, 손이 많이 가는 요리를 만들었다 같은 현실 생활의 충실함에 대한 어필이 대부분이다. 상당히 꾸며낸 구석이 있다. 그렇지만 웨어러블에 의해 진정한 평상시의 아무렇지 않은 일상을 공유할 수 있다면 대단한 맥락이 연결된다. "자, 사진 찍습니다"라고 해서 자세를 취한 사진이 아니라 정말로 자연스러운 것을 보내는 고맥락 커뮤니케이션을 가속하는 것이 웨어러블이며 기가비트 인터넷이다.

이 동영상에서 구글 글라스가 하는 것이 곧바로 실현되지는 않는다. 그것을 실현하려면 지금 눈앞에 있는 정보에서 새로운 정보를 끌어낼 때 필요한 정보가 무엇인지를 적확히 판단하는 것이 필수이다. 앤티시페이션 컴퓨팅(anticipation computing)이라고 하는 이 기술은 상당히 진행되었다. 그렇지만 현재 상태의 구글 글라스는 시계를 본다거나 하늘을 바라보는 것 등을 인지하는 이미지 처리나 전송 능력이 약해서 유감스럽게도 아직 실현되지 않았다. 그리고 기술적인 것 이외에도 유저 쪽을 포함해 논의해야 할 문제들이 남았다. 예를 들어 피사체가 의식하지 못하는 상황에서 사진 촬영을 할 수 있는 게 사생활 침해로 이어지지 않을까 하는 것이다. 이런 문제들이 해결되기까지는 웨어러블의 실현에 조금 더 시간이 걸리지 않을까 한다.

IT는 인간을 해방하고 성장시키고 풍부하게 한다

손님이 요리를 사진으로 찍어 SNS에 올리는 모습은 이미 어디에서나 볼 수 있는 예사로운 풍경이 되었다. 막 만들어 김이 피어오르는 음식을 앞에 두고 그들이 맨 처음 하는 일은 휴대전화나 스마트폰을 꺼내 사진을 찍는 것이다. 요리가 막 나온 상태의 사진이 필요하므로 사진을 촬영해 SNS에 올릴 때까지 그들은 결코 요리에 손을 대지 않는다. 그러나 요리사 입장에서는 온기가 사라지지 않았을 때 먹었으면 하고 생각할 것이 틀림없다. 요리사는 요리가 가장 맛있는 상태로 손님이 먹었으면 하는 순간에 요리를 낸다. 그런데 김이 올라오면 사진을 찍기가 어려우므로 식기를 기다려 촬영하는 사람도 있을 정도이니 요리사가 전문가로서 하는 염려도 소용없다. 겨우 촬영이 끝나고 사진도 올려서 음식에 젓가락을 멜 때에는(나왔을 때와 비교하면) 맛이 몹시 떨어져 버린다.

그들에게는 맛있는 요리를 맛있게 먹는 즐거움이나 행복보다도 '좋아요'를 받는 행복과 쾌감의 우선순위가 높을 것이다. 그래도 맛있는 요리를 맛있게 먹는 것은 인간 본래의 행복이라고 생각한다. '좋아요'는 그런 인간 본래의 행복을 더욱 강화하기 위한 툴이었을 터이지만 언젠가부터 그 관계가 역전되었다.

사진을 촬영하지 않고는 먹지 않는 사람들을 호의적으로 해석한다면 그들도 가능하다면 요리를 따뜻할 때 먹고 싶을지도 모르겠다. 맛있는 요리를 맛있게 먹는 쾌감을 모를 리는 없다. SNS에 사진을 올려서 승인받는 쾌감을 더하고 싶다는 생각뿐인지도 모른다. 그런데 과정상 지나치게 수고가 들어간다. 그 수고를 영에 가깝게 하려는 것이 웨어러블이다. 요리가 나왔을 때 '촬영'이나 '공유'라고 말하기만 하면 된다. 그것만으로 공유할 수 있다면 요리가 식지 않았을 때 눈앞에 있는 요리를 맛볼 수 있다.

요리를 제대로 맛볼 수 있으면 요리를 맛보는 쾌감은 더욱 깊어진다. 후추 사용법 하나만 해도 이것은 어떤 후추를 어떤 사용법으로 했을 것이라든지 이전에 이 가게에 있었던 셰프의 사용법과는 조금 다른 듯하다든지 더욱 깊은 고맥락의 즐기는 방법이 가능해진다. 유명한 가게의 어떤 인기 메뉴를 먹었다거나 여기는 미슐랭 별 세 개를 받은 곳이라는 등의 단순한 저맥락 커뮤니케이션이 어째서 재미없는가도 알게 된다.

"타베로그 4.5 가게야"라고 하며 기뻐하는 것은 결국 다기를 보고 "이것은 아무개가 상자에 진품을 보증하는 서명을 했으니 좋은 다완이다"라고 하는 것과 마찬가지이다. 즉 인증 마크를 얻었음을 기뻐하는 것이다. "나는 이런 인증 마크를 획득했어" 하고 타인에게 자랑하며 기뻐한다. 확실히 그것도 기분 좋은 일일 것이다. 그러나 본질을 말하자면 다완의 '이 구불구불한 일그러짐의 대단함'이라는 고맥락의 미묘한 이치를 이해하는 쪽이 훨씬 기분 좋다고 생각한다.

원래 인터넷은 이런 고맥락의 쾌락을 보강하는 존재였다. 그러나 테크놀로지의 진화 속도가 따라잡지 못해 현재 그것이 실현되었다고는 할 수 없다. 그러나 앞으로는 정보 취득 비용이나 불안이 점차 없어짐으로써 눈앞에 있는 현실, 그 순간에 실재하는 일생에 한 번뿐인 만남을 즐길 수 있게 될 것이다. 구글 글라스의 예에서도 처음 방문하는 장소에서도 헤매는 불안이 없어짐으로써 마침 벽에 붙어 있는 포스터를 발견할 수 있었다.

그리고 불과 1~2초 사이 일상 속에 있는 우연한 순간을 부담 없이 교환하게 되면 더욱 미묘한 차이를 구하게 될 것이다. 현실 가운데 숨은 작은 변화에 민감해지고 그것을 교환하고 공명하기를 즐기게 될 것이다. 마치 '라인'의 유저가 새로운 스탬프를 구하고 또한 부담 없이 스탬프를 주고받으면서 커뮤니케이션에서 사소한 뉘앙스의 차이를 즐기는 것과 마찬가지이다.

이 미묘한 이치를 즐기게 되면 일상 속에 숨은 아주 작은 변화를 지각하고 공명하며, 교환할 수 있다. 이것은 옛날 사람이 시를 빌려 사랑을 나타냈기 때문에 계절의 변화에 민감해지고 또한 다양하게 변이한 것과 같은 맥락이다.

이렇게 사람은 현실의 작은 여백이나 과잉을 눈치채고 또한 그것을 서로 주고받음으로써 성장한다. 그런 현실 속에서의 일생 한 번뿐인 만남, 미묘한 이치를 알아차려 그것을 공유하는 생활이 무엇보다 즐거운 일이 아닐까? 나는 IT나 인터넷은 원래 자기실현을 위한, 모두가 행복해지기 위한 것이었다고 생각한다.

인터넷이 등장한 지(실제는 일반에 공개되어) 20년, 우리 생활과 문명은 인터넷과 함께했다. 다만 우리가 이 인터넷이라는 장치에 능숙하게 올라탔는가 하면 반드시 그렇지는 않았다. 그러나 20년간의 경험으로 우리는 인터넷과 어떻게 어울리면 좋은지 알 수 있게 되었다고 생각한다. 네트 인프라가 정비되고 새로운 기술도 출현해 인터넷이 본래 가진 성격, 잠재력을 유감없이 발휘할 수 있는 환경도 이루어졌다.

인터넷이 자기실현을 위한, 사람이 행복해지기 위한 장치로서 기능하는 환경은 갖추어졌다. 다음은 우리가 그것을 어떻게 잘 다루는가에 달려 있다. 우리가 지금 제1의 변곡점과 제2의 변곡점 사이, 층계참에 있다는 것은 그런 의미이다. 앞으로 10년간 우리는 제2의 변곡점을 어떻게 돌아가면 좋은가? 이 책이 그것을 생각할 때 참고가 된다면 그보다 더한 기쁨은 없다. 그리고 제2의 변곡점을 돌아간 끝에는 도대체 어떤 풍경이 보일까? 그 풍경이 견딜 수 없이 기대된다.

모든 것은 '대화'로부터

오바라 가즈히로입니다. 이 책을 읽어주셔서 감사합니다.

본문에 앞서 '맺음말'을 읽는 분, 처음 뵙겠습니다(나도 맺음말을 먼저 읽는 편이지만 이 책에서는 '들어가며'에 자기소개와 이 책의 집필 동기가 쓰여 있으므로 그쪽을 먼저 읽으시는 것을 권합니다).

마지막으로 조금만 이 책을 만들게 된 계기, 이 책의 구성을 소개하겠습니다. 책의 첫머리에서 "장사의 기본은 가치 교환이다"라는 말을 했습니다. '대화'란 실은 이 가치 교환이 응축된 장이라고 생각합니다. 매일 사소한 발견을 하고 가설, 사례를 사람들과 말하거나 듣거나 하는 것을 정말 좋아합니다. 대화 속에서 서로 지식이 공명해 일어나는 새로운 화학반응, 즉흥의 순간이 참을 수 없이 사랑스럽다고 생각합니다.

그 결과, 관련된 사람들이 모두 서로의 정보라는 가치 교환만이 아니라 그 장에서 태어난 착상으로 아주 조금이라도 풍부해집니다. 웃는 얼굴이 됩니다. 그리고 나도 상대방도 그 착상을 다른 사람에게 전하고 싶어져 다음의 화학반응이 생겨나고 그 화학반응을 다시 서로 피드백합니다. 착상이라는 가치 교환의 연쇄가 이어집니다. 이런 정보나 착상의 교환이 좋아서 매일같이 여러 사람에게 메일을 보내고 소셜 미디어에 포스트를 올리고 다시 대화하기 위해 외출합니다. 이런 나의 성격이 영향을 미쳐 이 책은 전부 편집 담당 구보타 히로미 씨, 저술가 쓰치야 유키모토 씨와 대화하며 만들어졌습니다.

이 책을 만든 계기도 '대화'로부터 왔습니다. 테드엑스 도쿄(TEDxTokyo)를 도우며 2012년 6월에 '테드' 콘퍼런스를 다룬 NHK 〈슈퍼 프레젠테이션〉이라는 방송에 관련된 이벤트를 도왔는데, 거기에서 알게 된 구보타 씨와 대화하는 중에 "네트 시대의 새로운 교양이 필요하다"라는 착상을 얻은 데서 시작됐기 때문입니다.

그뒤에 미즈구치 데쓰야 씨, 후루카와 겐스케 씨, 다카미야 신이치 씨 등 총 12명의 분과 9시간이라는 장시간 동안 이야기하며 그 화제로 분위기가 고조되었습니다. 또한 그것을 계기로 우노 쓰네히로 씨가 편집장을 맡은 잡지《플래니츠(PLANETS)》8호에서 우노 씨, 하마노 사토시 씨, 후루카와 씨와 나, 4인이 좌담회를 열게 됐습니다. 그곳에서 태어난 지식이 바탕이 되어 이 책은 만들어지기 시작했습니다.

이 책에 쓰인 착상이나 일화는 어느 하나 온전한 제 것이 아닙니다. 거의 전부가 누군가와의 '대화'를 부풀린 것입니다. 되도록 그 착상의 계기가 된 분들의 이름을 기재했지만 다 쓰지 못한 경우도 있을 것으로 생각합니다. '100엔 라이터 이론'은 나쓰노 다케시 씨와의 대화에서 나온 것 같고…… 혹시 기재된 원리나 일화에 실수가 있다면 아무쪼록 지적해주시길 바랍니다.

또한 저는 비즈니스에서 항상 책임이 있는 처지에서 실무를 수행하지만 이 책에 쓴 마케팅 이론이나 사회학 등을 전문으로 배운 적은 없습니다. 어쩌면 프로인 분들이 보면 언설이 서투르거나 주장이 허술하다고 느낄 곳도 많을 것입니다. 그런 점에 대해서는 마찬가지로 지적을 해주셨으면 합니다.

모든 것은 매일 여러 사람과의 대화에서 일어나는 화학 반응의 결과로 태어났습니다. 독자 여러분도 이 책에서 무언가를 느껴주시고 그것을 계기로 누군가와 대화하는 가운데 더욱 풍부한 것을 뽑아내 새로운 착상이 태어나기를 바랍니다.

그리고 '대화'는 계속된다

앞으로도 '대화'는 계속됩니다. 최근에는 지적 교배, 퍼실리테이션(facilitation)의 달인인 하네 다쿠야 씨와 알게 되어

요즘 젊은이들의 가치관을 해킹해 밝혀내는 'EVO-Q'라는 워크숍을 시작했습니다.

'10분 대담'이라는 기획도 '대화'의 연쇄에서 태어난 것의 하나입니다. 이 책의 내용에 대해서도 다양한 분들과 대담해서 정보의 가치 교환, 새로운 지적 교배의 연쇄를 만들어나가려고 생각합니다. 대담 시간은 불과 10분으로, 아무리 바쁜 분이라도 시청하실 수 있도록 유튜브에서 배포할 예정입니다. 또한 동영상 기록 서비스 '로그미(logmi.jp)'의 협력으로 대담을 텍스트로도 읽을 수 있게 되었습니다. 이 책만이 아니라 각각의 대담에 대해서도 소셜 미디어 등에서 대화가 일어난다면 대단히 기쁠 것 같습니다. 제1탄으로는 우노 씨, 후루카와 씨, 이노코 토시유키 씨, 미즈구치 씨와의 대담을 올렸습니다. 저 또한 이런 '대화'가 기대되고 거기에서 무엇이 생겨날지, 그리고 '10분 대담'이 어떻게 이어지고 어떻게 변화해갈지 여러분과 함께 지켜보고 싶습니다.

다음 시대를 준비하는 당신에게

이 책은 'IT 비즈니스의 새로운 성공 원리'를 주장합니다만 네트 비즈니스에 관계하는 사람만을 향한 책은 아닙니다. 이미 IT는 당연한 것이고 이 책에 기술한 대로 콘텐츠나 물품 판매만이 아니라 농업이나 인쇄 등 종래의 실제적 산업의 성공 원리마저도 고쳐 써버렸습니다. 때문에 IT가 당연한 시대에 자유로이 살아가기 위한 기술(교양 과목)로서 이 책을 자리매김하고 싶습니다. 그렇기는 하지만 저와 마찬가지로 '준비하는 쪽'에 있는 사람들에게도 전하고 싶은 응원이 있습니다.

저는 일본이라는 나라에 다음 10년을 이끄는 인터넷 원리와 잠재력이 잠들어 있다고 생각합니다(자세한 내용은 5장을 읽어주십시오). 여러분은 일본이라는 나라가 가진 힘을 스스로 과소평가하고 있지 않습니까? 예전에 우리는 아이모드가 실현한 것을 '갈라파고스'라고 자조했습니다. 그러나 그 흐름을 이어받은 '라인'이나 '코코파(CocoPPa)' 등의 스마트폰 애플리케이션은 현재 세계 IT 비즈니스를 이끄는 존재가 되었습니다. 즉 일본이라는 나라는 훨씬 이전부터 현재 스마트폰 시대의 원리를 체현한 것입니다. 일본은 커뮤니케이션 소비와 고맥락에 의한 여백·잉여 산업의 선진국입니다. 그것들은 라쿠텐이나 니코니코 동화 등 네트상의 서비스만이 아니라 다도, 다이소 등 생활 속에 많이 잠들어 있습니다. 이 모든 것이 다언어·비언어 시대에 세계에서 날개를 펼칠 것입니다. 준비하는 여러분이 다음 세대를 이끌어나가기를 기대합니다.

마지막으로

이 책을 쓰는 데 정말로 많은 분에게 도움을 받았습니다.

우노 씨, 후루카와 씨 두 분의 지원, 일상적인 '즉흥'이 모이지 않았다면 이 책은 없었을 것입니다. 하야시 시로 편집장, 편집자 구보타 씨, 저술가 쓰치야 씨, 여러분이 제 스타일에 끝까지 맞춰주신 덕분에 하나의 형태가 완성되었습니다. 정말 감사했습니다.

갑작스러운 메신저 채팅으로 갖가지 브레인스토밍에 어울려준 친구 여러분, 정말 고맙습니다. 여기에는 다 쓸 수 없으니 다시 메시지를 드리겠습니다.

이 책에 거론한 원리나 일화의 바탕이 된 여러분, 그것을 지원하는 여러분, 전직한 열 개의 직장에서 관련된 여러분. 나 같은 인간을 자유로이 활개 치게 해주는 상사 미키 히로시 씨, 다카하시 마사토 씨, 체크아웃 사업부의 여러분. 무엇보다 가정을 지켜주는 아내 미나코. 인연을 자아내는 것의 소중함을 가르쳐주고 돌아가신 어머니 게이코. 이 모든 분들께 깊이 감사하며 앞으로도 새로운 자극을 계속 자아내야겠다고 생각합니다.

마지막까지 읽어주셔서 감사합니다.

2014년 1월

오바라 가즈히로

[각주]

1 니코니코 동화(89쪽)

일본의 UCC 동영상 사이트. _ 편집자

2 2채널(104쪽)

일본 최대의 인터넷 게시판 사이트. _ 편집자

3 가쓰마 가즈요(115쪽)

한 해 100만 권의 책을 파는 일본 최고의 실용서 작가. 국내에서도 『연봉 10배 올리는 공부법』이 출간되었다. 게이오대 1학년이던 19살 때 일본 최연소 공인 회계사 시험에 합격, 회계법무법인과 외국계 컨설팅 회사 등에서 일했다. 2007년부터 경제평론가 겸 공인회계사로 활동하고 있는 그녀는 지난 2005년 월스트리트저널에서 '세계에서 가장 주목할 만한 여성 50인'에 선정됐다. 두 차례 이혼 뒤 싱글맘으로 세 딸을 키우는 자신의 경험을 살려 워킹맘을 위한 웹사이트 '보리밭'을 운영하고 있다. _ 편집자

4 호리에몬(115쪽)

1972년생으로, 기성 교육을 거부하고 인터넷으로 부(富)를 창출한 '뉴재팬'의 상징적인 인물로 꼽힌다. 도쿄대 문학부를 중퇴하고 600만 엔의 자본금으로 친구들과 함께 기업 홈페이지 제작과 시스템을 관리해주는 '온 더 에지'(라이브도어의 전신)를 설립한 것이 출발점이다. 2004년 프로야구팀 오사카(大阪) 긴테쓰(近鐵) 인수, 2005년 후지TV 인수 시도 등으로 일약 화제 인물이 되었다. 거침없는 발언, 자유분방한 옷차림으로 TV 오락 프로에 출연해 코미디언을 능가하는

언변을 구사해 대중적 인기를 모으기도 했다. 일본의 TV 만화 〈도라에몬〉에서 따온 '호리에몬'이라는 애칭으로 불렸다. 그가 설립한 '라이브도어'는 31개 계열사를 거느린 대형 인터넷 기업으로 성장하며, 그에게 창조적 파괴자, 기성 권위에 도전하는 사람, 일본 정보기술 업계 황태자라는 수식어를 선사했다. 그러나 2006년 주가 조작 사건에 휘말리며 그의 회사는 물론 일본 인터넷 기업의 주가가 줄줄이 폭락하며 '호리에몬 쇼크'를 가져왔다. 이후 한동안 침체기를 겪던 일본 인터넷 기업은 2013년 이후 벤처 인큐베이터(창업 지원 시설)와 대학들의 다양한 육성 프로그램 등에 힘입어 수백 개의 IT 기업이 등장하며 새 바람이 불고 있다. _ 편집자

5 최신 효과(116쪽)

가장 최근에 제시된 정보가 인상 판단을 좌우하는 현상. _ 옮긴이

6 염상(119쪽)

어떤 불상사를 계기로 해 폭발적으로 주목을 끄는 사태나 상황. 주로 게시판에 비난이나 공격적인 댓글이 쇄도해 손을 쓸 수 없어진 모습을 비유적으로 일컫는다. 인터넷상의 커뮤니티에서는 이런 상태를 축제라고도 한다. _ 옮긴이

7 게쓰쿠, 月9(137쪽)

후지 TV의 월요일 밤 9시 시간대의 드라마를 뜻한다. 월요일(げつようび)과 9시(くじ) 각각의 앞 글자를 따 '게쓰쿠(月9, げつく)'라 부르기도 한다. 후지 TV의 간판 시간대이며, 역대 이 시간대 드라마들 중 인기작들이 몰려 있어 황금시간대로 불리나, 최근엔 상황이 조금씩 변하고 있다. _ 편집자

8 아르바이트 테러(161쪽)

음식점이나 소매점에 아르바이트 형태로 고용된 점원이 가게의 상품이나 집기를 사용해 장난하는 모습을 스마트폰 등으로 찍어 SNS에 게시해 주목을 끄는 현상. _ 옮긴이

9 쇼코탄(167쪽)

2004년 11월부터 운영한 공식 블로그가 2008년 9월 14일에 총조회수 15억을 돌파해 '신 블로그의 여왕'이라 불리는 멀티 탤런트 나카가와 쇼코(中川翔子)의 애칭. _ 옮긴이

10 아훔의 호흡(192쪽)

아(阿)는 산스크리트어 자모의 첫 소리이고 훔(吽)은 마지막 소리로 만물의 처음과 끝을 상징하고 들숨과 날숨을 뜻한다. 아훔의 호흡은 둘 이상의 사람이 무언가를 할 때 미묘한 감정과 상태가 딱 맞는 것을 의미한다. _ 옮긴이

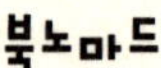